Lektürehilfen

Lyrik der Nachkriegszeit 1945–1960

von Adelheid Petruschke

Klett Lernen und Wissen

Adelheid Petruschke ist Gymnasiallehrerin für die Fächer Deutsch, Englisch und Ethik in Baden-Württemberg.

In der Klett-Reihe Editionen für den Literaturunterricht ist erschienen:
Lyrik der Nachkriegszeit 1945 - 1960, mit Materialien, ausgewählt von Thomas Kopfermann, Leipzig/Stuttgart/Düsseldorf 2005, Klettbuch 352411.

Bibliographische Information Der Deutschen Bibliothek
Die Deutsche Bibliothek verzeichnet diese Publikation in der Deutschen Nationalbibliographie; detaillierte bibliographische Daten sind im Internet über http://dnb.ddb.de abrufbar

Auflage 4. 3. 2. 1. | 2008 2007 2006 2006
Die letzten Zahlen bezeichnen jeweils die Auflage und das Jahr des Druckes.

Dieses Werk folgt der reformierten Rechtschreibung und Zeichensetzung. Ausnahmen bilden Texte, bei denen künstlerische, philologische oder lizenzrechtliche Gründe einer Änderung entgegenstehen.

Internetadresse: http://www.klett.de
Umschlagfoto: Ullstein-Bilderdienst, Berlin
Satz: DTP Andrea Eckhardt, Neuhausen
Druck: Clausen & Bosse GmbH, 25912 Leck
Printed in Germany
ISBN-13: 978-3-12-923013-8
ISBN-10: 3-12-923013-0

9 783129 230138

Inhalt

Überblick über die Lyrik der Nachkriegszeit 1945–1960

Lyrik von 1945 bis 1960 – diese Bezeichnung umfasst so viele ineinander verwobene Tendenzen, dass die Festlegung auf bestimmte Strömungen immer als Vereinfachung und Reduktion erscheinen muss.
Trotzdem ist es notwendig, im Rahmen einer Lektürehilfe Schwerpunkte zu setzen und einige lyrische Hauptströmungen herauszulösen, um Phänomene zu erklären, die vielleicht unverständlich bleiben, wenn man sie nicht in einen großen Zusammenhang hineinstellt. Ein „hermetisches" Gedicht z. B. ist möglicherweise leichter zu interpretieren, wenn man die historischen sowie geistes- und literaturgeschichtlichen Voraussetzungen berücksichtigt, die einen Dichter dazu veranlassen, sein Gedicht zu verschlüsseln und so dem mühelosen Verständnis zu entziehen.
Der folgende Überblick erhebt nicht den Anspruch, eine lückenlose Darstellung der Entwicklung der Lyrik 1945–1960 zu geben. Er will jedoch ein Verständnis dafür vermitteln, welche Merkmale für deutlich zu unterscheidende Strömungen wie „Hermetische Lyrik", „Naturlyrik", „Politische Lyrik" und „Konkrete Poesie" jeweils charakteristisch sind und wie die Autoren in theoretischen Äußerungen zu ihrem Schaffen Stellung nehmen. Dabei lässt sich an der chronologischen Abfolge dieser Strömungen ein Stück deutscher Zeitgeschichte ablesen: Hermetische Lyrik und Naturlyrik präsentieren sich bewusst mit dunklen, rätselhaften Bildern und reduzierten lyrischen Aussagen als Reaktion auf die Tatsache, dass die Sprache während des Dritten Reiches durch Manipulation der Machthaber unglaubwürdig geworden war; engagierte Lyrik wendet sich von der Privatheit der hermetischen Lyrik ab und beschäftigt sich mit gesellschaftlichen und politischen Inhalten. Die Konkrete Poesie knüpft an die dadaistische Tradition an und weckt – im Gegensatz zur Nüchternheit engagierter

Deutlich unterscheidbare Strömungen

Spiegelbild der Zeitgeschichte

Lyrik – wieder die Freude am spielerischen Umgang mit Form und Inhalt.

Zuerst werden Gedichte behandelt, die geeignet sind, die genannten literarischen Strömungen zu veranschaulichen. An diesen fünf Gedichten (siehe S. 7 f.), denen das Motiv des Schweigens gemeinsam ist (ein in der Lyrik nach 1945 übrigens sehr wichtiges Motiv, wie noch zu zeigen sein wird), lässt sich andeutungsweise ablesen, welche verschiedenen lyrischen Sageweisen innerhalb des hier abgesteckten zeitlichen Rahmens möglich sind.

Möglichkeiten lyrischer Sageweisen

- Benns Gedicht, das zu seinen späten gehört und die Folge „Epilog 1949" beschließt, ist noch durch Reim und Metrum strukturiert, weist traditionellen Satzbau auf und bietet beim ersten Lesen kaum Verständnisschwierigkeiten.
- Bei Ingeborg Bachmanns Gedicht, dem letzten der „Lieder auf der Flucht" von 1956, ist die strenge lyrische Form aufgelockert, es existieren zwar Reime, aber das Metrum ist freier – Hebungen und Senkungen wechseln unregelmäßig. Eine Tendenz zum verkürzten Satzbau ist unübersehbar. Doch auch hier ist die Grundaussage noch verständlich.
- Rose Ausländers Gedicht erscheint auch in seiner knappen Form ohne traditionelle lyrische Gestaltungsmittel, vor allem aber in seiner reduzierten Sprache und dem nur angedeuteten inneren Zusammenhang zwischen seinen verschiedenen Elementen als dunkel und abweisend, als „hermetisch".
- Dagegen präsentiert sich das Gedicht von Enzensberger als sprachlich (wenn auch nicht von der intellektuellen Aussage her) viel leichter zugänglich; auch beurteilt es das Schweigen als Fehler, während in den anderen Gedichten das Schweigen zwar mit Trauer formuliert, aber als unabdingbar hingenommen wird.
- Gomringers „Konstellation" spielt mit dem Begriff des Schweigens, indem es ihn durch das „Loch" in der Mitte materialisiert, also unmittelbar visuelle Wirklichkeit werden lässt.

Im Folgenden werden die verschiedenen Formen lyrischen Sprechens, die wichtige Strömungen von 1945 bis 1960 repräsentieren, ausführlicher charakterisiert.

Gottfried Benn

Epilog (Teil V)

Die vielen Dinge, die du tief versiegelt
durch deine Tage trägst in dir allein,
die du auch im Gespräche nie entriegelt,
in keinen Brief und Blick sie ließest ein,

die schweigenden, die guten und die bösen,
die so erlittenen, darin du gehst,
die kannst du erst in jener Sphäre lösen,
in der du stirbst und endend auferstehst.

Ingeborg Bachmann

Die Liebe hat einen Triumph und der Tod hat einen,
die Zeit und die Zeit danach.
Wir haben keinen.
Nur Sinken um uns von Gestirnen, Abglanz und
Schweigen.
Doch das Lied überm Staub danach
wird uns übersteigen.

Hans Magnus Enzensberger

Zwei Fehler

Ich gebe zu, seinerzeit
habe ich mit Spatzen auf Kanonen geschossen.

Daß das keine Volltreffer gab,
sehe ich ein.

Dagegen habe ich nie behauptet,
nun gelte es ganz zu schweigen.

Schlafen, Luftholen, Dichten:
das ist fast kein Verbrechen.

Ganz zu schweigen
von dem berühmten Gespräch über Bäume.

Kanonen auf Spatzen, das hieße doch
in den umgekehrten Fehler verfallen.

Eugen Gomringer

schweigen schweigen schweigen
schweigen schweigen schweigen
schweigen   schweigen
schweigen schweigen schweigen
schweigen schweigen schweigen

Rose Ausländer

Schallendes Schweigen

Manche haben sich gerettet

Aus der Nacht
krochen Hände
ziegelrot vom Blut
der Ermordeten

Es war ein schallendes Schauspiel
ein Bild aus Brand
Feuermusik
Dann schwieg der Tod
Er schwieg

Es war ein schallendes Schweigen
Zwischen den Zweigen
lächelten Sterne

Die Geretteten warten im Hafen
Gescheiterte Schiffe liegen
Sie gleichen Wiegen
ohne Mutter und Kind

Hermetische Lyrik

Situation der Sprache nach dem Zweiten Weltkrieg

Lyrik nach 1945 bedeutet Lyrik nach dem Zweiten Weltkrieg und der „Stunde Null". Die katastrophalen Ereignisse der Hitlerzeit und des Zweiten Weltkriegs hinterließen tiefe Spuren. Die Verlogenheit einer Sprache, die als Machtmittel missbraucht werden konnte und sich korrumpieren ließ, wurde – nicht nur von den Dichtern – so stark empfunden, dass es zunächst unmöglich schien, überhaupt noch etwas zu sagen. Die Scheu des Dichters vor hohlen Phrasen führte am Anfang zu einer

Suche nach neuen Inhalten, die nach 1945 wieder mitteilenswert erschienen.

Gruppe 47

Ein wichtiger Schritt dazu wurde 1947 getan. Von der amerikanischen Militärregierung wurde die von Alfred Andersch und Hans Werner Richter geleitete Zeitschrift „Der Ruf" wegen Nihilismus verboten. Daraufhin gründete Richter die „Gruppe 47", der bald auch Günter Eich, später Krolow, Bobrowski, Enzensberger und viele andere Autoren angehörten und die sich um einen kritischen Realismus bemühte.

Erst 1948 erschienen dann die ersten Gedichtbände von Benn, Eich, Huchel, Krolow und Paul Celan. Die dort veröffentlichten Gedichte sind fast alle als „hermetisch" zu betrachten.

„Hermetisch" heißt soviel wie vieldeutig, dunkel, eine geheimnisvolle Ausdrucksweise bevorzugend, aber auch: verschlossen, nichts kann heraus- oder hineindringen.

Gründe für das Entstehen hermetischer Lyrik

Diese Art des Dichtens hat viele Ursachen; es seien hier lediglich die beiden für unseren Zusammenhang wichtigsten Faktoren herausgegriffen.

Hofmannsthals Chandos-Brief: eines der ersten Dokumente für das Bewusstsein einer Sprachkrise

1. In Hugo von Hofmannsthals „Brief des Lord Chandos" (1902) wird zum ersten Mal ausdrücklich das Bewusstsein einer Sprachkrise formuliert. Das Ich hat zu den Dingen der Welt nicht mehr dasselbe ungebrochene Verhältnis wie beispielsweise zur Zeit Goethes. Bei Goethe konnte das Ich seine Umwelt noch so erfahren, dass es sich in der Harmonie einer von Gott durchwalteten Natur geborgen fühlte. Aus diesem Bewusstsein heraus war es Goethe möglich, seinen Symbolbegriff zu entwickeln: Im Besonderen wird das Allgemeine gesehen; hinter allen Erscheinungen des Lebens ist es möglich, eine absolute, göttliche „Idee" zu ahnen. Ein solches Weltverständnis setzt den Glauben an einen Sinn der Welt voraus; aus dieser Gewissheit heraus äußert sich dann auch der Dichter. Das Bewusstsein der Einheit von Ich und Welt beginnt im Zuge des 19. Jahrhunderts brüchig zu werden. In dem Maße, in dem der Glaube an diese Einheit verloren geht, wird das sprachliche Erfassen der Welt zum Problem. Hugo von Hofmannsthal konstatiert das in seinem berühmten Chandos-Brief folgendermaßen:

„Mein Fall ist, in Kürze, dieser: Es ist mir völlig die Fähigkeit abhanden gekommen, über irgend etwas zusammenhängend zu denken oder zu sprechen [...]. Es zerfiel mir alles in Teile, die Teile wieder in Teile, und nichts mehr ließ sich mit einem Begriff umspannen. Die einzelnen Worte schwammen um mich; sie gerannen zu Augen, die mich anstarrten und in die ich wieder hineinstarren muß: Wirbel sind sie, in die hinabzusehen mich schwindelt, die sich unaufhaltsam drehen und durch die hindurch man ins Leere kommt."
(Zit. nach: *Die deutsche Literatur in Text und Darstellung*, Bd. 13: *Impressionismus, Symbolismus und Jugendstil*, Stuttgart: Reclam, 1977, S. 145, 147)

Das hier angedeutete Misstrauen gegenüber dem Ausdruckswert der Sprache und dem Wahrheitsgehalt des Wortes führt später, wie im Kapitel „Hermetische Lyrik" noch zu sehen sein wird, zu einer Reduzierung und Konzentration des lyrischen Sprechens. Der Dichter versucht, dem Sog zur Leere hin dadurch zu entkommen, dass er auf alle Worte verzichtet, die ihm abgegriffen oder schwammig erscheinen, und sich vor allem auf Substantive beschränkt, die seine Intention ohne ablenkendes Beiwerk vermitteln.

Auswirkungen des Faschismus auf die dichterische Sprache

2. Der Faschismus mit seiner extremen Sprachmanipulierung ist ebenfalls als Grund dafür zu nennen, dass sich die Lyriker und Lyrikerinnen nach 1945 in Bereiche zurückzogen, die von denen der Massenansprachen, der Paraden und der Marschlieder möglichst weit entfernt lagen. Eine Sprache, die so viel gelogen hatte, war zunächst völlig unglaubhaft geworden. Um wieder ins Gedicht aufgenommen zu werden, musste sie in ganz neuer, reinerer Form erscheinen – nicht mehr vielseitig verwendbar, sondern stark verdichtet und immer in der Nähe des Verstummens, das eigentlich die letzte Konsequenz aus den Ereignissen des Dritten Reiches sein müsste. So jedenfalls formulierte es Theodor Adorno 1949: „ [...] daß es nach Auschwitz unmöglich ward, Gedichte zu schreiben."
Nun kann jedoch „Hermetische Lyrik" nicht als Bezeichnung einer in sich einheitlichen lyrischen Richtung angenommen werden. Hermetische Gedichte können sich mit den verschiedensten Themen befassen und die

verschiedensten Formen annehmen. Auch bestimmte Teile der Naturlyrik nach 1945 sind unter dem Begriff „hermetisch“ einzuordnen. Einige kunsttheoretische Äußerungen von Lyrikern nach 45 helfen, den Begriff genauer mit Inhalt zu füllen; an ihnen können wir ablesen, wie die Autoren selbst zu ihrem dichterischen Schaffen stehen.

Zunächst wird der Begriff „Hermetik“ anhand einiger Zitate von Gottfried Benn verdeutlicht, der mit seiner Lyrik und seinen kunsttheoretischen Positionen gleichermaßen die Lyrik nach 45 beeinflusste.

Dann kommen Paul Celan und Ingeborg Bachmann als typische Repräsentanten hermetischer Lyrik zu Wort. Celans Position ist von großer Vorsicht und Skepsis der Sprache gegenüber gekennzeichnet, was den Dichter schließlich auch an den Rand des Verstummens führt. Ähnlich verhält es sich mit Ingeborg Bachmann, deren Dichtung zwar selten so spröde und verzweifelt wirkt wie Celans, die aber in ihrem letzten Gedicht sagt: „Mein Teil, es soll verlorengehen“ und damit die Wirkung ihrer Lyrik in Abrede stellt.

Gottfried Benns „Probleme der Lyrik“

In seinem 1951 gehaltenen Vortrag „Probleme der Lyrik“ skizziert Benn die Grundvoraussetzungen seines dichterischen Schaffens; die in diesem Vortrag umrissenen Positionen sind von weitreichender Wirkung für die gesamte Nachkriegslyrik.

Autonomie der Poesie

> „Bei Hofmannsthal, der doch zumindest in seiner letzten Periode bewußt die Verbindung zu Kult, Bildung und Nation aufnahm, fand ich eine sehr radikale Äußerung: ‚es führt von der Poesie kein direkter Weg ins Leben, aus dem Leben keiner in die Poesie‘ – das kann nichts anderes heißen als daß die Poesie, also das Gedicht, autonom ist, ein Leben für sich, und das bestätigt uns sein nächstes Wort: ‚die Worte sind alles‘.“
> (*Sämtliche Werke*, Bd. 6, S. 22 f.)

Leben und Dichtung fallen auseinander

Dieses Zitat zeigt, wie Benn bewusst an das bei Hofmannsthal formulierte Auseinanderfallen von Leben und Poesie anknüpft. Wenn es keinen Weg vom Leben zum Gedicht und umgekehrt mehr gibt, dann muss das Gedicht zwangsläufig hermetisch sein, denn es bleibt ja vom Leben abgeschlossen. Dies wird jedoch nicht als negativ betrachtet, denn die Abgrenzung gegen die äußere Wirklichkeit garantiert gleichzeitig die Eigenständigkeit des Gedichts. Eine Verankerung im realen Leben ist nicht mehr nötig und gewünscht; das Gedicht soll sich von allem lösen, was es einengen oder seine Entfaltung verhindern könnte. Das Gedicht ist autonom – es stellt einen Gegenentwurf zur existierenden Welt dar, ist „Leben für sich" und damit „Leben aus sich".

Was diese theoretische Forderung im konkreten Fall für das Gedicht selbst bedeutet, wird im Kapitel „Hermetische Lyrik" veranschaulicht werden. Soviel aber sei schon vorausgeschickt: Hermetik bedeutet vor allem eine neue Art von Bildlichkeit. Die im Gedicht verwendeten Bilder entstammen, da Gedicht und Wirklichkeit voneinander getrennt sind, nun nicht mehr einer Sphäre, die jedem Leser als erfahrbar zugänglich und deshalb unmittelbar verständlich wäre. Während bei Goethe noch Gegenstände aus der Natur als Bilder besondere, allgemein nachvollziehbare Wahrheiten verdeutlichen konnten (man nennt solche Bilder Symbole), finden sich in der hermetischen Lyrik keine Symbole mehr, sondern absolute Metaphern oder Chiffren, Bilder also, die aus dem ganz privaten Innern des Dichters kommen und nicht mehr direkt der ihn umgebenden Welt entnommen sind, deren Erfahrung er mit seinen Lesern teilt. So erklären sich also die Verstehensschwierigkeiten bei hermetischen Gedichten: Der Autor versucht nicht mehr, mit den von ihm gewählten Bildern seine Leser direkt anzusprechen, sondern er fordert den Leser dazu auf, ihm aus der zweifelhaft gewordenen Welt verbrauchter Bilder nachzufolgen auf eine höhere Ebene, wo Bilder vom Leser erst enträtselt werden müssen und wo auf diese Weise eine neue, nicht mehr so selbstverständliche, aber tiefere innere Wahrheit entsteht. Auf formaler Ebene äußert sich diese Haltung vor allem im Fehlen von Verben. Substantive als Träger von Vorstellungen treten in den Vordergrund, finite Verbformen werden – vor allem bei Paul Celan, aber auch schon bei Benn – immer seltener.

Bildlichkeit in der hermetischen Lyrik

Formale Auswirkungen der Hermetik: Wortwahl

Nietzsches Begriff der „Artistik"

Das zweite Zitat enthält eine Definition des Begriffs „Artistik", den Benn von Nietzsche übernommen und zum programmatischen Ausgangspunkt seiner Lyrik gemacht hat. Hier formuliert Benn, welche Funktion er der Kunst, dem Gedicht zuweist:

> „Ich gebrauchte vorhin zur Charakterisierung des modernen Gedichts den Ausdruck Artistik und sagte, das sei ein umstrittener Begriff – in der Tat, er wird in Deutschland nicht gern gehört. Der durchschnittliche Ästhet verbindet mit ihm die Vorstellung von Oberflächlichkeit, Gaudium, leichter Muse, auch von Spielerei und Fehlen jeder Transzendenz. In Wirklichkeit ist es ein ungeheuer ernster Begriff und ein zentraler. Artistik ist der Versuch der Kunst, innerhalb des allgemeinen Verfalls der Inhalte sich selber als Inhalt zu erleben und aus diesem Erlebnis einen neuen Stil zu bilden, es ist der Versuch, gegen den allgemeinen Nihilismus der Werte eine neue Transzendenz zu setzen: die Transzendenz der schöpferischen Lust." (*Sämtliche Werke*, Bd. 6, S. 14)

Die Erkenntnis, dass die Werte vergangener Jahrhunderte – der Glaube an einen lebendigen Schöpfergott zum Beispiel – verfallen sind, führt also nicht zur Resignation; stattdessen wird der Kunst eine Art Erlösungsfunktion zugesprochen. Kunst – und speziell Lyrik – werden absolut gesetzt, und sie entstehen aus einer Bewusstheit, die nichts mehr zu tun hat mit reiner Emotion oder „Stimmung". Kunst wird geschaffen und durchdacht. Das Gedicht „begreift sich selbst als Inhalt" und bietet dort einen neuen Sinn, wo die herkömmliche Metaphysik versagt hat. Dies kann aber nur geschehen, wenn die Verbindung zur erfahrbaren Wirklichkeit radikal unterbrochen wird (was ja schon im Expressionismus der Fall war). Die Wirklichkeit soll nicht mehr im Gedicht abgebildet werden. Aufgabe des Dichters ist es, Worte zu finden, welche die gewohnte Wirklichkeit zertrümmern, dem Gedicht damit einen neuen Sinn verleihen und eine höhere Stufe der Wirklichkeit vermitteln:

Erlösungsfunktion der Kunst

Bewusstheit des Kunstschaffens

Kunst hat keinen Bezug zur äußeren Wirklichkeit

Wirklichkeitszertrümmerung

> „Das lyrische Ich ist ein durchbrochenes Ich, ein Gitter-Ich, fluchterfahren, trauergeweiht. Immer wartet es auf seine Stunde, in der es sich für Augenblicke erwärmt, wartet auf seine südlichen Komplexe mit ihrem ‚Wallungswert', nämlich Rauschwert, in dem die Zusammenhangsdurchstoßung, d. h. die Wirklichkeitszertrümmerung vollzogen werden kann, die Freiheit schafft für das Gedicht – durch Worte." (*Sämtliche Werke*, Bd. 6, S. 25)

Solche Ansprüche an das Gedicht rücken es weit ab von jeder Durchschnittlichkeit und Alltäglichkeit in einen Raum, der nur wenigen zugänglich ist. Dies wurde später auch, besonders von den Vertretern der „Alltagslyrik", heftig kritisiert und forderte schon vorher die engagierten Lyriker in der Nachfolge Brechts dazu auf, eine Gegenposition einzunehmen. Doch für Benn ist die Einsamkeit seiner Lyrik logische und notwendige Konsequenz aus seinem Anspruch an das Gedicht:

Kunst ist einsam und elitär

Monologischer Charakter des Gedichts

> „[…] das absolute Gedicht, das Gedicht ohne Glauben, das Gedicht ohne Hoffnung, das Gedicht, an niemanden gerichtet, das Gedicht aus Worten, die Sie faszinierend montieren. Und, um es nochmals zu sagen, wer auch hinter dieser Formulierung nur Nihilismus und Laszivität erblicken will, der übersieht, daß noch hinter Faszination und Wort genügend Dunkelheiten und Seinsabgründe liegen, um den Tiefsinnigsten zu befriedigen, daß in jeder Form, die fasziniert, genügend Substanzen von Leidenschaft, Natur und tragischer Erfahrung leben." (*Sämtliche Werke*, Bd. 6, S. 36)

Paul Celans Position

Paul Celan und Ingeborg Bachmann, obwohl in der Nachfolge Benns stehend, variieren und modifizieren Benns kunsttheoretische Äußerungen entscheidend. Ihre Positionen werden hier deshalb ausführlicher erläutert, weil beide beispielhaft für die Lyrik nach 1945 sind. Paul Celan schreibt in seiner Bremer Rede 1958:

Das Gedicht als „Flaschenpost"

> „Das Gedicht kann, da es ja eine Erscheinungsform der Sprache und damit seinem Wesen nach dialogisch ist, eine Flaschenpost sein, aufgegeben in dem – gewiß nicht immer hoffnungsstarken – Glauben, sie könnte irgendwo und irgendwann an Land gespült werden, an Herzland vielleicht. Gedichte sind auch in dieser Weise unterwegs: sie halten auf etwas zu.
> Worauf? Auf etwas Offenstehendes, Besetzbares, auf ein ansprechbares Du vielleicht, auf eine ansprechbare Wirklichkeit.
> Um solche Wirklichkeiten geht es, so denke ich, dem Gedicht." (*Gesamtausgabe*, Bd. 3, Frankfurt a. M.: Suhrkamp, 1983, S. 186)

Für Celan steht im Vergleich zu Benn weniger das Gedicht als sinnstiftendes Element im Vordergrund. Wichtig ist das Gedicht als Medium zur Verarbeitung existentieller Erfahrung und als Versuch, einen Dialog mit anderen herzustellen.
Es fällt auf, wie viel vorsichtiger und zögernder Celan

seine Erwartungen an das Gedicht formuliert als Benn. Alles wird nur als Möglichkeit angedeutet, die Vehemenz Benn'scher Prägungen hat einem Ton Platz gemacht, der von Suchen und Tasten gekennzeichnet ist. Gerade daraus lässt sich auch die „Dunkelheit" von Celans Lyrik erklären. Seine Gedichte gehen bei ihrem „Versuch, Richtung zu gewinnen", bei ihrem „Unterwegssein" oft bis an die äußerste Grenze zwischen Sprechen und Schweigen. Das Vertrauen der Sprache gegenüber ist gebrochen und kann nur in kleinen, vorsichtigen Schritten wiedergewonnen werden. Zieht man in Betracht, dass der in Rumänien aufgewachsene und nach Paris emigrierte Jude Paul Celan beide Eltern unter den Nazis verlor und selbst intensive Schmerzen und Trennung durchlebte, so scheint es fast verwunderlich, dass Lyrik in so direkter Verbindung mit allem, wofür „Auschwitz" als Symbol stehen könnte, für ihn überhaupt noch möglich war. Sein Freitod 1970 in Paris folgt einer Phase des Dichtens, in der die Sprache bis zum Äußersten reduziert ist und fast nichts mehr von der von ihm geforderten Wärme spüren lässt.

Ingeborg Bachmanns Position

Das Gedicht an der Grenze zum Verstummen

Im Gegensatz dazu beginnt Ingeborg Bachmann in der Tradition Benns mit dem Glauben an die transzendierende Kraft des Wortes zu dichten, doch verstummt sie nach der Veröffentlichung ihres zweiten Gedichtbandes fast völlig. Ihr letztes Gedicht „Keine Delikatesse" stellt eine Absage an alle Hoffnung darauf dar, dass die Sprache dem Dichter die Welt näher bringen könnte. Diese letzte Enttäuschung ist jedoch im folgenden Zitat aus ihren Frankfurter Vorlesungen noch nicht zu spüren. Dort formuliert sie ihre Erwartung an das Gedicht: Sie hofft auf seine Wirkung, die sich allerdings nicht mehr mit so geballter Energie vollziehen kann wie bei Benn, sondern – auf stillere, anspruchslosere Art – in manchem Leser vielleicht eine Erkenntnis über seine eigene seelische und geistige Situation hervorruft:

> „‚Ihr ändert die Welt nicht'. Ja. Und das Gedicht selbst? Was bewirkt es? Ist es nicht vielleicht so, daß, weil uns so ein Gedicht unglücklich macht, weil ihm dies gelingt, und weil es neue Dichter gibt, die uns unglücklich machen können, [es] auch in uns einen Ruck gibt, einen erkenntnishaften, unter dem wir den statthabenden nachvollziehen. Es gibt einen so wundervollen Brief von Kafka, über seine Forderungen an ein Buch:

> ‚Wenn das Buch, das wir lesen, uns nicht mit einem Faustschlag auf den Schädel weckt, wozu lesen wir dann das Buch? Damit es uns glücklich macht …? Mein Gott, glücklich wären wir eben auch, wenn wir keine Bücher hätten, und solche Bücher, die uns glücklich machen, können wir zur Not auch selbst schreiben […] Ein Buch muß die Axt sein für das gefrorene Meer in uns. Das glaube ich.'" (Frankfurter Vorlesungen: „Über Gedichte", *Werkausgabe*, Bd. 4, München: Piper, 1978, S. 210 f.)

An einer anderen Stelle sagt Ingeborg Bachmann:

Gedichte machen unglücklich und einsam, aber verhelfen zur Erkenntnis

> „In einem Gedicht ist also wenig Glück. Für den, der es schreibt, nahezu keins, daß es gelingt, und dann nochmals keins, daß es jemand erreicht. Es ist einsam, es hat keine Funktion und kümmert mit Recht niemand. Ein Gedicht verherrlicht heute ja nichts mehr, auch die Gläubigen haben es längst außer Kraft gesetzt. Ruhm und Glaube fallen auf es selbst zurück."
> („Wozu Gedichte", *Werkausgabe*, Bd. 4, S. 303)

Resignation und Trauer

Während die Formulierung über die Einsamkeit des Gedichts und seine Funktionslosigkeit die Dichterin in die Nähe Benns rückt, die sich auch durch die Hoffnung auf den „erkenntnishaften Ruck" im ersten Zitat äußert, spüren wir aus ihren Sätzen gleichzeitig eine Resignation und Trauer heraus, die Benn nicht kennt und die Bachmanns oben erwähnte Abwendung von der Lyrik als konsequent erscheinen lässt.

Naturlyrik

Die veränderte Beziehung zur Wirklichkeit, die seit dem 19. Jahrhundert zu beobachten ist, blieb auch nicht ohne Auswirkung auf die Naturlyrik, die sich traditionell besonders stark mit dem Erleben äußerer Wirklichkeit befasst.
Während Wilhelm Lehmann, der die Tradition der Naturlyrik aus der Zeit vor 1933 bis in die Nachkriegsliteratur hinüberrettete, noch daran glaubte, „daß es für alle Bezirke des Erfahrbaren angemessene, richtige Sprache gibt" (zit. nach: Knörrich, 1978, S. 166), lässt sich auch aus den Naturgedichten Günter Eichs, Peter Huchels und Karl Krolows eine tiefe Skepsis in Bezug auf den Zusammenhang zwischen Sprache und darge-

stellter Wirklichkeit heraushören. Die den Menschen umgebende Natur kann nicht mehr, wie bei Goethe, als sinnvoll erfahren und im Gedicht ebenso wiedergegeben werden. Im Gegenteil, die Natur verschließt sich vor dem suchenden Ich, sie ist versteinert und erstarrt und lässt kein Verschmelzen des dichtenden Subjekts mit der Natur mehr zu. Demzufolge findet sich in der Naturlyrik nach 1945 immer wieder die Haltung des vorsichtigen Tastens, des vorläufigen Sich-Vergewisserns, der Unsicherheit dem Beobachteten gegenüber oder der Versuch, die nicht mehr greifbare Wirklichkeit durch das Gedicht erst herzustellen. Diese Merkmale werden im Kapitel „Naturlyrik" an den Gedichten von Huchel, Eich und Bobrowski aufgezeigt werden, nachdem die zunehmende Entfernung des lyrischen Ich von dem zu beschreibenden Naturgegenstand an drei Gedichten von Goethe, Eichendorff und Benn verdeutlicht worden ist.

Die Natur verschließt sich vor dem Menschen

Politische Lyrik

Es liegt auf der Hand, dass die „Hermetische Lyrik" an mehreren Stellen Angriffspunkte bietet. Dementsprechend provozierte sie mehr oder weniger starke Gegenreaktionen.

Reaktionen auf hermetische Lyrik

Der erste Punkt, an dem eine Kritik ansetzen konnte, ist die apolitische Haltung hermetischer Lyrik. Trotzdem ließ die „engagierte Lyrik" in der Nachfolge Brechts lange auf sich warten – ihre Entwicklung begann zögernd mit Enzensbergers Gedichtband „verteidigung der wölfe" 1957. Otto Knörrich versucht in seinem Buch „Die deutsche Lyrik nach 1945" (Stuttgart: Kröner, 1978) eine Erklärung:

> „Die Weiterentwicklung verbrauchter lyrischer Sageweisen und die mangelnde Bereitschaft bzw. – bei vorhandener Bereitschaft – die Unfähigkeit, das Gedicht direkt mit der gesellschaftlichen Wirklichkeit zu konfrontieren und politisch verfügbar zu machen, blockierte zunächst die Entfaltung progressiver Tendenzen in der Lyrik. Beides ging dabei vielfach Hand in Hand, ja bedingte sich gegenseitig: eine apolitische Haltung, Wirklichkeitsflucht und gesellschaftliche Isolierung einerseits, eine überlebte Sprache und formaler Traditionalismus andererseits." (S. 11)

Hans Magnus Enzensberger in der Nachfolge Brechts

Erst Enzensberger, der sich auf die theoretische Position Brechts beruft, nämlich auf die Forderung, dass das Gedicht gesellschaftsbezogen argumentativ und an die Öffentlichkeit gerichtet sein und den Leser zum Handeln aktivieren müsse, schlägt einen neuen Ton in der deutschen Lyrik an. Seine Ausgangsbasis ist der Benns diametral entgegengesetzt, obwohl er nicht nur Brechts lakonische Sprechweise, sondern auch lyrische Stilmittel verwendet, die zeigen, dass er Benns „Artistik" aufgenommen und verarbeitet hat. In dem Aufsatz „Scherenschleifer und Poeten" schreibt er:

Ein Gedicht kann gesellschaftsverändernd wirken

> „Wenn es nach mir ginge – und soweit es nach mir geht –, ist es die Aufgabe des Gedichts, Sachverhalte vorzuzeigen, die mit anderen, bequemeren Mitteln nicht vorgezeigt werden können, zu deren Vorzeigung Bildschirme, Leitartikel, Industriemessen nicht genügen. Indem sie Sachverhalte vorzeigen, können Gedichte Sachverhalte verändern und neue hervorbringen. Gedichte sind also nicht Konsumgüter, sondern Produktionsmittel, mit deren Hilfe es dem Leser gelingen kann, Wahrheit zu produzieren. […]
> Es nützt nichts, einen Sachverhalt vorzuzeigen, wenn keiner zusieht. Wahrheit kann nur produziert werden, wo mehr als ein Mensch zugegen ist. Deswegen müssen Gedichte an jemanden gerichtet, für jemand geschrieben sein. Mindestens müssen sie damit rechnen, andern vor Augen oder zu Ohren zu kommen. Es gibt kein Sprechen, das ein absolutes Sprechen wäre […]." (*Mein Gedicht ist mein Messer. Lyriker zu ihren Gedichten*, hrsg. von Hans Bender, München: List, 1961, S. 146 f.)

Es gibt kein „absolutes" Gedicht

Hier wird also dem „absoluten" Gedicht Benns mit seiner letztlich elitären Haltung, seiner Wirklichkeitsabgewandtheit, seinem Anspruch auf innere Wahrheit jenseits der fassbaren Wirklichkeit eine Absage erteilt, der sich auch die Lyriker der Sechzigerjahre, z. B. Erich Fried, anschlossen, indem sie vor allem politische und soziale Themen zum Inhalt ihrer Gedichte machten.

Konkrete Poesie

Eine lyrische Strömung, die fast ganz aus den bisher beschriebenen Richtungen herausfällt, ist die der „Konkreten Poesie". Sie knüpft an eine alte Tradition an, die vor allem im Barock gepflegt wurde, und setzt sich zum Ziel, alle „vorgeprägten Formen lyrischen Sprechens überhaupt zu relativieren, aufzubrechen und zu destruieren, weil sie unverbindlich, unwahr, unbrauchbar geworden sind" (Knörrich, 1978, S. 290). Dies geschieht, indem die Sprache auf den reinen Materialcharakter reduziert wird.

Reduktion auf das Sprachmaterial

Laut, Schriftzeichen und Wort werden aus ihrem gewohnten syntaktischen Zusammenhang herausgeholt und zu neuen Gebilden zusammengesetzt, die die Grenzen der grammatischen Regeln überschreiten und auch visuell (durch typographische Gestaltung) und akustisch auf den Leser wirken wollen.

Provokative antibürgerliche Neuanfänge

In der Erstarrung der Adenauer-Restaurationsära hatten künstlerische Neuanfänge eine unerhört provokative Wirkung. Improvisation, Happenings, Performance-Art wurden vom Bürgertum, das zum großen Teil am klassisch-humanistischen Bildungsideal orientiert war, als subversiv betrachtet, was natürlich die Öffentlichkeitswirkung dieser Kunst verstärkte. Die Schwierigkeit bei ihrer Rezeption bestand vor allem darin, dass nichts nachgeahmt oder abgebildet wurde. Stattdessen wurde mit isolierten sprachlichen Einheiten gespielt und experimentiert. Dieser Spielcharakter fasziniert heute genauso wie damals.

Spielcharakter

In der „Konkreten Poesie" lassen sich bestimmte Tendenzen feststellen. Franz Mon schuf „Artikulationen" und „Textbilder", die „Wiener Gruppe" (Hans Carl Artmann, Gerhard Rühm und Friedrich Achleitner) war für ihre Dialektgedichte bekannt, die Alltagsfloskeln verfremdend aufbrachen. „Permutationen" prüfen sprachlich fixierte Aussagen auf ihre Bedeutungen und Sinnbezüge hin. Piktogramme, wie sie schon in der Barockdichtung zu finden sind, hinterfragen den Zusammenhang zwischen visueller und inhaltlicher Wahrnehmung. Aus einer äußerst skeptischen Haltung gegenüber allen Formen literarischer Verkrustung übten die Anhänger der „Konkreten Poesie", oft auf spielerische Weise, sprachliche Erkenntniskritik, Gesellschaftskritik und Kritik an überkommener Ästhetik. In Eugen Gomringers eigenen Worten wird diese Absicht am authentischsten übermittelt:

Gesellschaftliche Funktion der Dichtung

„zweck der neuen dichtung ist, der dichtung wieder eine organische funktion in der gesellschaft zu geben und damit den platz des dichters zu seinem nutzen und zum nutzen der gesellschaft neu zu bestimmen. da dabei an die formale vereinfachung unserer sprachen und den zeichencharakter der schrift zu denken ist, kann von einer organischen funktion der dichtung nur dann gesprochen werden, wenn sie sich in diese sprachvorgänge einschaltet. das neue gedicht ist deshalb als ganzes und in den teilen einfach und überschaubar. es wird zum seh- und gebrauchsgegenstand: denkgegenstand – denkspiel. es beschäftigt durch seine kürze und knappheit. es ist memorierbar und als bild einprägsam. es dient dem heutigen menschen durch seinen objektiven spiel-charakter, und der dichter dient ihm durch seine besondere begabung zu dieser spieltätigkeit. er ist der kenner der spiel- und sprachregeln, der erfinder neuer formeln. durch die vorbildlichkeit seiner spielregeln kann das neue gedicht die alltagssprache beeinflussen. [...]

Überschaubarkeit des Gedichts

der beitrag der dichtung wird sein die konzentration, die sparsamkeit und das schweigen: das schweigen zeichnet die neue dichtung gegenüber der individualistischen dichtung aus. dazu stützt sie sich auf das wort.

das wort: es ist eine größe. es ist – wo immer es fällt und geschrieben wird. es ist weder gut noch böse, weder wahr noch falsch. es besteht aus lauten, aus buchstaben; von denen einzelne einen individuellen, markanten ausdruck besitzen. es eignet dem wort die schönheit des materials und die abenteuerlichkeit des zeichens. es verliert in gewissen verbindungen mit anderen worten seinen absoluten charakter. das wollen wir in der dichtung vermeiden. wir wollen ihm aber auch nicht die pseudoselbständigkeit verleihen, die ihm die revolutionären stile gaben. wir wollen es keinem stil unterordnen, auch dem staccato-stil nicht. wir wollen es suchen, finden und hinnehmen. wir wollen ihm aber auch in der verbindung mit anderen worten seine individualität lassen und fügen es deshalb in der art der konstellation zu anderen worten.

Wertfreiheit des Wortes

Definition von „Konstellation"

die konstellation ist die einfachste gestaltungsmöglichkeit der auf dem wort beruhenden dichtung. sie umfaßt eine gruppe von worten – wie sie eine gruppe von sternen umfaßt und zum sternbild wird. in ihr sind zwei, drei oder mehr, neben- oder untereinandergesetzten worten – es werden nicht zu viele sein – eine gedanklich-stoffliche beziehung gegeben, und das ist alles!"

(Eugen Gomringer, „vom vers zur konstellation", in: *worte sind schatten*, Reinbek: Rowohlt, 1969, S. 277–282)

Zusammenfassung

In der Nachkriegslyrik zwischen 1945 und 1960 sind verschiedene Tendenzen feststellbar. Sie bestehen nebeneinander her, bedingen sich teilweise aber auch gegenseitig.
Die **hermetische**, verschlüsselte Lyrik entsteht aus einem Misstrauen gegenüber dem alltäglichen Ausdruckswert des Wortes, das sich schon Ende des 19. Jahrhunderts z. B. bei Hofmannsthal abzeichnet, und reagiert auf den Sprachmissbrauch des Faschismus.
Gottfried Benn plädiert mit Begriffen wie „Artistik", „Zusammenhangsdurchstoßung" und „Wirklichkeitszertrümmerung" für ein autonomes Gedicht ohne Verbindung mit der erlebten Wirklichkeit. Er spricht der Kunst Erlösungsfunktion und die Möglichkeit der Schaffung neuer, transzendenter Zusammenhänge zu.
Paul Celan, dessen Gedichte sich dem Verstummen annähern, versteht die Sprache als ein Mittel der „Wirklichkeitserkundung" und betont in der Formulierung „Flaschenpost an Herzland" den Kommunikationscharakter des Gedichts.
Bei **Ingeborg Bachmann** findet sich die Position, das Gedicht habe Erkenntnischarakter, ebenso wie ein Rückzug in die Resignation, die Wirkung von Lyrik betreffend.
In der **Naturlyrik** wird deutlich, dass sich die Natur dem Zugriff des Dichters zu verschließen scheint und Elemente aus ihr nur noch sporadisch als Zeichen oder Chiffren verstanden werden können, die einer Orientierung des Lyrikers in der ihm zunehmend fremder werdenden (Welt-)Landschaft dienen.
Die **politische Lyrik** enthält den Versuch der Neuorientierung nach der „Stunde Null" sowie eine Gegenreaktion auf die „absolute" hermetische Lyrik in der Forderung nach gesellschaftlichem Engagement und bewusster Verarbeitung von Kriegserfahrungen.
In der **Konkreten Poesie** wird die Sprache auf ihren Materialcharakter reduziert, in Sprachspielen werden neue Zusammenhänge und Freiräume gesucht.

Politische Lyrik

Einleitung

Problematik der Rezeption

Sechzig Jahre nach Kriegsende erscheint der Versuch, an einem Gedichtkanon beispielhafte Tendenzen politischer Lyrik aufzuzeigen, sinnvoll, aber auch nicht gerade einfach. Die Gefahr, gerade die Geschichte politischer Lyrik, der so genannten „Lyrik der Stunde Null“, als etwas Statisches zu betrachten und ihr dabei den Stempel eines Zeitgenossen des 21. Jahrhunderts aufzudrücken, der aus dem Abstand von sechs Jahrzehnten auf die Jahre nach dem 8. Mai 1945 zurückblickt, ist groß. Als praktizierende Konsumenten einer Überflussgesellschaft lesen wir die Gedichte, die noch im Lager, im Gefängnis oder angesichts des Schlachtfelds geschrieben worden sind, vor einem völlig veränderten Hintergrund, der die Diskussionen um das als Holocaust-Mahnmal enthüllte Stelenfeld in Berlin genauso mit einschließt wie die Erfahrung der medialen Verarbeitung von Vietnam-, Golf- oder Irakkrieg.

Günter Eich: „Inventur“

Günter Eich, Autor des Gedichts „Inventur“, war nach dem Krieg Mitglied der bereits erwähnten „Gruppe 47“, einer Vereinigung von nach 1920 geborenen Autoren, die sich für eine rückhaltslose Auseinandersetzung mit der Kriegsvergangenheit aussprachen und sich gegen falsche Beschönigung und den Rückzug in eine neue Innerlichkeit wehrten. 1960 bezeichnete Hans Werner Richter in einer Rede zum fünfzehnjährigen Bestehen der Gruppe Eichs Gedicht „Inventur“ als außerordentliches Beispiel für die so genannte „Kahlschlagliteratur“, die, so Richter, die Methode der Bestandsaufnahme und die Intention der Wahrheit um jeden Preis praktiziere und dabei radikal mit alten Traditionen breche. Ob dies heute noch so gesehen werden kann oder ob wir aus der Distanz das Gedicht nicht doch als durchaus poetisch im traditionellen Sinn empfinden können, soll die anschließende Interpretation zeigen.

„Kahlschlagliteratur“?

Günter Eich

Inventur

Dies ist meine Mütze,
dies ist mein Mantel,
hier mein Rasierzeug
im Beutel aus Leinen.

Konservenbüchse:
Mein Teller, mein Becher,
ich hab in das Weißblech
den Namen geritzt.

Geritzt hier mit diesem
kostbaren Nagel,
den vor begehrlichen
Augen ich berge.

Im Brotbeutel sind
ein Paar wollene Socken
und einiges, was ich
niemand verrate,

so dient es als Kissen
nachts meinem Kopf.
Die Pappe hier liegt
zwischen mir und der Erde.

Die Bleistiftmine
lieb ich am meisten:
Tags schreibt sie mir Verse,
die nachts ich erdacht.

Dies ist mein Notizbuch,
dies meine Zeltbahn,
dies ist mein Handtuch,
dies ist mein Zwirn.

Situation des Kriegsgefangenen

Das Gedicht wurde 1945/46 im amerikanischen Kriegsgefangenenlager geschrieben. Hier setzt unser Vorstellungsvermögen an: Dem Gefangenen ist alles genommen worden, er besitzt nur noch wenige Gegenstände, um deren Bestandsaufnahne („Inventur“) es im Gedicht geht. Er hat kein Dach über dem Kopf, nicht einmal ein Bett, die Pappe dient als Matratze auf der bloßen Erde. Diese von uns als extrem empfundene Situation vergegenwärtigt sich das lyrische Ich durch die Aufzählung all der Gegenstände, die ihm die Existenz sichern und über die es sich in diesem Moment definiert.

Dass unter den geschilderten Umständen Kargheit herrscht, wird auch durch die auf den ersten Blick schmucklose Form vermittelt. In sieben reimlosen Strophen mit je vier Zeilen, die immer zwei Betonungen aufweisen und so trotz des fehlenden Endreims liedhaft wirken, werden Alltagsgegenstände benannt. Das sprechende Ich ist handelnd in jeder Strophe präsent durch Personalpronomina, die im Nominativ stehen („Ich hab geritzt", „ich berge", „was ich niemand verrate", „lieb ich", „die ... ich erdacht"), einmal auch im Dativ als Objekt („Tags schreibt sie mir Verse") und ebenso in den Possessivpronomina in der ersten und letzten Strophe als ein Mensch, welcher die wenigen Gegenstände, die sich in seiner Reichweite befinden, als seinen Besitz bezeichnet und dabei unterschiedlich bewertet, wie im Folgenden deutlich werden wird.

Rolle des sprechenden Ich

Formale Besonderheiten

Mit einer Ausnahme umfasst jede vierzeilige Strophe einen vollendeten Satz. Der einzige Satz, der sich über sechs Zeilen erstreckt, beginnt in der vierten Strophe und endet in der Mitte der fünften. Eine solche Unregelmäßigkeit lässt vermuten, dass an dieser Stelle auch inhaltlich eine Besonderheit zu finden ist: Die mittleren beiden der sechs Zeilen deuten ein Geheimnis an („einiges, was ich/niemand verrate"), was sich stark von den konkreten Gegenständen unterscheidet, die in den anderen Strophen genannt werden.
Mit dem anaphorisch gebrauchten Demonstrativpronomen „Dies" beginnt und endet das Gedicht, das auf diese Weise einen festen Rahmen erhält. Die beiden ersten Zeilen sind parallel aneinander gereiht und benennen Dinge, die das lyrische Ich in seiner unmittelbaren Nähe hat, sichtbar, greifbar und fühlbar, und die es braucht, um in einfachster Weise leben zu können. Die Alliteration von Mütze und Mantel verbindet beide Kleidungsstücke in ihrer Schutzfunktion gegen die Kälte. Das Rasierzeug geht schon über diese elementare Notwendigkeit hinaus, sorgfältig verstaut gibt es dem lyrischen Ich die Sicherheit von Hygiene und einem Minimum von Zivilisation.

Der nächste Gegenstand wird ohne Artikel einfach benannt und füllt eine ganze Zeile. Der Doppelpunkt dahinter verdeutlicht die Vielfalt, in der die Konservenbüchse dem lyrischen Ich nützlich wird: Nach dem Schutz des Körpers von außen wird nun ein zweiter lebenswichtiger Aspekt angesprochen, die Nahrung. Teller und Becher, auch durch ihre Zweisilbigkeit und die Assonanzen der e-Laute parallel gestellt, deuten an, dass ohne Essen und Trinken das Ich verloren ist.

Dreifache Funktion der Konservenbüchse

Die leere Büchse als Behälter für beides zeigt die Reduktion der Lebensumstände auf ein Minimum. Doch die Büchse birgt noch eine dritte Möglichkeit. Sie ist nicht nur Zeichen dafür, dass konkrete Nahrung, woher sie auch kommen möge, aufgenommen werden kann, sondern sie dient ebenso der sichtbaren Vergewisserung der eigenen Identität durch ihre Kennzeichnung mit dem Nagel, einer Art geistiger Stärkung. Der Sprecher hat seinen Namen in sie geritzt als etwas Bleibendes gegen die ringsum erfahrene Vergänglichkeit. Das Verb im Perfekt („Ich hab geritzt“) enthält eine Handlung in der Vergangenheit, deren Resultat nun zu sehen ist.

Der Sprecher ist trotz extremer Verlassenheit (kein anderer Mensch taucht im Gedicht direkt auf) und Armut kein Namenloser. Etwas wie Stolz lässt sich auch aus der dritten Strophe herauslesen, die den Gedanken weiterführt, indem sie das Partizip Perfekt „geritzt“ noch einmal aufnimmt und auf das Instrument der Kennzeichnung, den Nagel, wieder mit deiktischer (zeigender, verweisender) Geste hinweist. Der Nagel, seiner ursprünglichen Funktion und Banalität enthoben, wird zum Schreibwerkzeug.

Poetologischer Aspekt des Gedichts

Hier taucht erstmals ein poetologischer Gedanke auf, das heißt, es wird vom lyrischen Ich über die Tätigkeit und den Sinn des Dichtens reflektiert. Das Ich vergewissert sich seiner Identität dadurch, dass es seinen Namen auf einen unverzichtbaren Gegenstand schreibt.

Das Schreiben – nach Zeitabschnitten, in denen Schreiben vielleicht unmöglich war, weil überlebt oder getötet werden musste – beginnt mit dem Elementarsten, dem Versuch des Subjekts, die eigene Existenz anhand seines Namens zu begreifen. Dieser menschliche Akt wird im Alleinsein vollzogen, denn die „begehrlichen Augen“

machen deutlich, dass es andere Menschen geben muss, die dem Ich sein kostbares Instrument rauben könnten und vor denen es seine neu gewonnene Möglichkeit der Selbstvergewisserung sorgsam hütet. Auf diesem Hintergrund entwickelt sich für das zuvor erwähnte Geheimnis in der vierten und fünften Strophe eine Deutungsmöglichkeit: Das, was nicht mitgeteilt werden soll und nachts dem Kopf als Kissen dient, könnte Geschriebenes sein, vorsichtig und zögernd formulierte Worte nach einer Zeit wortloser Gewalt. Gestützt wird diese Vermutung durch eine weitere Beobachtung: Die Tätigkeit des Schreibens wird anschließend in Strophe sechs ausdrücklich formuliert und mit dem emotionalen Verb „lieb ich" sowie einem zusätzlichen Superlativ als wichtiger bewertet als alle übrigen Grundbedürfnisse. Der „kostbare" Nagel ist also nur die gröbere Vorstufe der wertvollen Bleistiftmine, die zwar nur einen Teil des ganzen Stifts darstellt, aber als Instrument, das die nächtlichen, vielleicht quälenden Gedanken am Tag verarbeiten und in kommunizierbare Sprache überführen kann, zum wichtigsten Utensil des Sprechers wird.

Die letzte Strophe endet denn auch nach dieser Offenbarung in einer vielfachen Benennung von Gegenständen, übrigens ganz ohne die Enjambements, die vorher an Stellen auftauchen, wo der poetologische Aspekt wichtig wird: „mit diesem/kostbaren Nagel", „was ich/niemand verrate"). Diese Gegenstände erinnern, dem Rahmen entsprechend, an die erste Strophe, erfahren aber durch die Entwicklung innerhalb des Gedichts eine ganz neue Sinngebung.

Das Notizbuch steht nun am Anfang der Strophe, als Ort der Bewältigung von Erlebtem und Erlittenem in der Sprache. Zeltbahn, Handtuch und Zwirn sind wieder Gegenstände, mit denen das Ich sich durch Ordnung und Sauberkeit die Menschenwürde bewahren kann, die aber zuvor im Schreiben ihre erste Ausdrucksmöglichkeit gefunden hat. Dass diese Ordnung nicht nur für den Gefangenenalltag gilt, sondern auch eine geistige Dimension besitzt, zeigt das kunstvoll durchstilisierte Metrum.

Kunstvolles Metrum

Von 28 Zeilen beginnen 14 mit einem Auftakt (z. B. „im **Beu**tel aus **Lei**nen" oder „Kon**ser**ven**büch**se"). Zeile 23, die den poetologischen Aspekt am eindeutigsten betont, enthält eine Spannung zwischen Metrum und natürlichem Sprechrhythmus: Der betonten Silbe „tags“ folgen ausnahmsweise drei unbetonte Silben, was sich von dem immer wieder tänzerisch wirkenden Metrum in anderen Strophen stark abhebt. Die tänzerische Wirkung ensteht häufig durch zwei aufeinander folgende Senkungen (z. B. „Die **Pap**pe hier **liegt**/zwischen **mir** und der **Er**de“) und lässt erkennen, dass der Dichter nicht sprachlich bei Null anfängt oder „Kahlschlag“ übt, sondern in einer Tradition steht, die bei den griechischen Dithyramben beginnt und sich über Goethe („Mailied“: „ Wie **herr**lich **leuch**tet/**mir** die Na**tur**“) und Schiller („Der Taucher“: „Wer **wagt** es, **Rit**tersmann oder **Knapp,**/Zu **tau**chen in **die**sen **Schlund?**“) bis zu Nietzsche („**Hei**terkeit, **gül**dene, **komm**“) fortsetzt. Möglicherweise ist es diese Spannung zwischen zunächst einfach anmutender, jedoch bei näherer Betrachtung kunstvoll wirkender Form und dem neuen Inhalt der vergewissernden Bestandsaufnahme nach dem vernichtenden Verlust der Kriegsjahre, die Eichs Gedicht so berühmt gemacht hat und es trotz aller Schlichtheit in die Tradition großer Nachkriegslyrik stellt, mit der der Autor, so wie alle seine Kollegen, innig vertraut war.

Günter Kunert: „Über einige Davongekommene“

Von Günter Kunert, der 1950 seinen ersten Gedichtband herausgab, und, von Brecht gefördert, später das Missfallen des DDR-Regimes erregte, weil er sich von der Lehre des Marxismus entfernte, stammt das folgende kurze Gedicht „Über einige Davongekommene“ von 1949. Brechts Einfluss kann an dem lakonischen, prosanahen Stil des Gedichts und an seiner Lehrhaftigkeit erkannt werden, die ganz in der marxistischen Tradition steht.

Günter Kunert

Über einige Davongekommene

Als der Mensch
Unter den Trümmern
Seines
Bombardierten Hauses
Hervorgezogen wurde,
Schüttelte er sich
Und sagte:
Nie wieder.

Im Titel werden „einige Davongekommene" thematisiert; „der Mensch", von dem im Gedicht gesprochen wird, steht also exemplarisch für mehrere, wenn man den Titel als Untertreibung versteht, vielleicht sogar für viele.
Das Gedicht besteht aus zwei Sätzen und enthält keinen Reim und kein erkennbares Metrum. Der erste Satz wird durch die Aufteilung auf zwei Zeilen rhythmisiert, sodass die einzelnen Aspekte des Geschilderten sich langsam vor den Augen des Lesers entfalten und eine Entwicklung bzw. am Schluss nach der Leerzeile ein Bruch angedeutet wird.
Der temporale Nebensatz bis Z. 5 zeigt den „Davongekommenen" in dem Moment, der über sein Überleben entscheidet und in dem er der Zerstörung („Trümmer", „bombardiert") mit Hilfe anderer entkommt. Der Hauptsatz (Z. 6–8) beschreibt seine Reaktion. Nach marxistischer Tradition wäre zu erwarten, dass der Mensch lernfähig ist und seine Lage mit dem Ziel der Veränderung reflektiert.
Doch bereits das Schütteln erinnert eher an einen Hund als an einen Menschen. Nachdem die Einsicht „Nie wieder" erwartungsgemäß formuliert wird, ist der Schlusssatz nach der Leerzeile als Relativierung oder gar als Zurücknahme zu verstehen, die die mangelnde Fähigkeit des Menschen signalisiert, aus Vergangenem zu lernen. Löst man das Gedicht aus dem engen historischen Kontext heraus, so ist die Tatsache, dass Kunert dem Menschen die Fähigkeit abspricht, aus historischen Prozessen zu lernen, auch vor dem Hintergrund heutiger kriegerischer Aktivitäten noch höchst relevant und fordert zur Selbstkritik und zum Weiterdenken heraus.

Mangelnde Lernfähigkeit des Menschen

Erich Fried: „Spruch"

Erich Frieds „Spruch" fasst eine ähnliche Aussage wie die Kunerts auf noch knapperem Raum zusammen. Versteht man den Titel im biblischen Sinn („Die Sprüche Salomos") oder in der Bedeutung „Sprichwort", so erwartet der Leser eine Regel des sittlichen Verhaltens oder eine Erfahrung des praktischen Lebens in kurzer pointierter Form.

Erich Fried ist wie Paul Celan oder Hilde Domin jüdischer Herkunft. Er wuchs unmittelbar nach dem Ersten Weltkrieg in Wien auf und verließ 1938 seine Heimat, um vor Hitler nach England zu fliehen. Sein Vater und seine nächsten Verwandten kamen in Lagern um. Fried blieb auch im Ausland der deutschen Sprache treu und übersetzte einige der bekanntesten Shakespeare-Dramen neu ins Deutsche.

Erich Fried

Spruch

Ich bin der Sieg
Mein Vater war der Krieg
Der Friede ist mein lieber Sohn
Der gleicht meinem Vater schon

Die erste der vier in Paarreim gesetzten Zeilen, die zunächst wie ein Sprüchlein wirken, das Kinder zum Abzählen oder bei Kreisspielen sagen, präsentiert eine künstliche Rollenfigur. Das Ich ist nicht der Sprecher, sondern „der Sieg". Eine abstrahierte Vorstellung wird durch ihr Sprechen personifiziert, wodurch bereits eine starke ironische Distanz entsteht, die durch die Diskrepanz zwischen der kindlich anmutenden Form und dem abstrakten Inhalt verstärkt wird.

Ironische Distanz

Die zweite Zeile erinnert an das Kinderlied „Maikäfer flieg, / dein Vater ist im Krieg". Dieses Lied wird aber verfremdet durch die grotesk wirkende Verwandtschaftsbezeichnung „Mein Vater war der Krieg". Die Idee, dass nach dem Krieg einer der Gegner den anderen überwältigt und die eigentlich damit verbundene Vorstellung von Grauen und Zerstörung werden hier beschönigt durch die Formulierung des Verwandtschaftsverhältnis-

Anklänge an Bibelsprache

ses. Die Ironisierung wird fortgesetzt durch ein drittes Glied in der „Familienkette“, das wiederum den Laut „ie“ enthält und sich so auch klanglich fraglos in die Familie einreihen lässt. Die Wendung „lieber Sohn“ erinnert an die Sprache der Bibel, wo Gott, der Vater, von Jesus sagt: „Siehe, das ist mein lieber Sohn, an dem ich Wohlgefallen habe“. (Matthäus 3,17) Der Kontrast der Gedichtaussage zur Friedensbotschaft des Neuen Testaments könnte aber nicht größer sein, denn die vierte Zeile verkehrt die bis dahin noch positiv zu verstehende Botschaft in ihr Gegenteil: Der Friede gleicht dem Krieg, womit der Glaube an das Ende des Schreckens, das der Sieg bringen könnte, als irrig entlarvt wird.

Auch dieses 1945 verfasste Gedicht beschränkt sich auf einfachste Mittel, die sich jedoch auf den zweiten Blick als doppelbödig entlarven, denn die Sprache, in der übernommene Muster aus Kindergedicht und Bibel Naivität und Friedensverheißung oberflächlich andeuten, wird durch den Inhalt ad absurdum geführt, der jede Hoffnung auf Verbesserung menschlicher Zustände verneint. Die fehlende Interpunktion deutet bereits an, dass jede innere Logik abhanden gekommen sein muss.

Christa Reinig: „Das Jahr 1945“

Ein weiterer Beweis dafür, dass die Lyrik nach Kriegsende nicht nur von Einfachheit geprägt war, ist Christa Reinigs Sonett „Das Jahr 1945“. Wie Wolf Biermann und andere Lyriker, die sich in der späteren DDR regimekritisch äußerten, war auch sie in ihrer Heimat zum Schweigen verurteilt und wurde erst in der Bundesrepublik entdeckt, in die sie 1964 übersiedelte.

Christa Reinig

Das Jahr 1945
(gesehen im Jahre 1945)

Wir sind dabei, den leibgurt zu zerkauen,
und keiner mehr, der noch vergangnes schmähte,
die freiheit ist ein trug, den wir durchschauen,
nichts als der knechtschaft aufgeplatzte nähte

und alle, die der hunger niedermähte,
die wollten knechte sein und gut verdauen,
und manche schlüpften durch die stacheldrähte
und dürfen draußen neue waffen bauen

da hört man räuber aus der bibel lesen
und mörder über menschenrechte schreien
und vollgefressene sind höhre wesen –

das können wir der Freiheit nicht verzeihen,
für uns bleibt alles, wie es stets gewesen,
und wieder wird uns wer erneut befreien

Neue Verwendung der traditionellen Sonettform

Im vorliegenden Gedicht wird zwar die traditionelle Sonettform mit stringent durchgehaltenem fünfhebigem Jambus und dem Reimschema *ababbabacdcdcd* aufgegriffen, doch setzt die Autorin keine Punkte, sondern lediglich Kommata und Gedankenstriche. So deutet sich bereits eine Distanzierung zur traditionellen Sonettform an, die bei Shakespeare und im deutschen Barock ihre Blütezeit erlebte und noch von Goethe und den Romantikern in der überkommenen Struktur verwendet wurde, sich aber im Symbolismus und Expressionismus von innen her aufzulösen begann.

Unmut über Mangel an Vergangenheitsbewältigung

Das lyrische Ich spricht nicht allein, sondern im Kollektiv, und zwar durchgehend im ganzen Gedicht. So wird klar, dass es sich um eine politische Auseinandersetzung mit der Nachkriegswirklichkeit handelt. Wie in den beiden vorigen Gedichten wird die Freiheit als trügerischer Schein entlarvt, da in ihr keine Bewältigung der Vergangenheit stattfindet (Z. 2) und das Unrecht weiterhin an der Tagesordnung ist: Durch die Wiederbewaffnung (Z. 7 f.) wird die Idee des Friedens verraten und der Kalte Krieg vorbereitet.
Materielle Befriedigung (Z. 6, 11) ist die erste Priorität, Kirche (Z. 9) und Politik (Z. 10) werden weiterhin von „Verbrechern" verwaltet. Der Unmut über den Mangel an Vergangenheitsbewältigung beginnt bereits hier, kurz nach Kriegsende, und staut sich auf, bis im Westen die Generation der 68er ihre Forderung nach unbelasteten Richtern, Hochschullehrern und Politikern auf die Straße trug mit dem anklagenden Spruch: „Unter den Talaren/der Muff von 1000 Jahren". Die von den Alliierten verordnete Demokratie führt in den Augen des

Kollektivs, dem sich die Dichterin zugesellt, nicht zu einer echten Freiheit, sodass am Schluss des Gedichts die Vision einer zweiten Befreiung steht, die erfolgen muss, wenn die im Sonett kritisierten Zustände weiterhin Bestand haben.

Anklage und Resignation

Die Sonettform, über Jahrhunderte ein Vehikel für die Äußerung von Liebesekstase und -klage, von Trauer über Vergänglichkeit und Hoffnung auf ein besseres Dasein im Jenseits, wird hier mit einem neuen, gleichermaßen resignativen und anklagenden Inhalt gefüllt. Die Autorin schafft für ihre in Brechts Tradition der engagierten Lyrik stehende Aussage keine neue Form, sondern stellt sich bewusst in die Tradition der über Kriegszustände klagenden Barockdichter (z. B. Andreas Gryphius), von denen sie sich aber dadurch unterscheidet, dass sie keine metaphysischen Bezugspunkte mehr hat.

Walter Höllerer: „Der lag besonders mühelos am Rand"

Nach drei Gedichten, in denen keine persönliche Erfahrung zu spüren war, sondern die politischen und gesellschaftlichen Gegebenheiten der Nachkriegszeit kritisch reflektiert wurden, soll nun ein Gedicht betrachtet werden, in dem ein lyrisches Ich sich direkt in Bezug zur Wirklichkeit setzt, in diesem Fall sogar zur Wirklichkeit des Krieges selbst und nicht seiner Nachwirkungen.

Walter Höllerer

Der lag besonders mühelos am Rand

Der lag besonders mühelos am Rand
Des Weges. Seine Wimpern hingen
Schwer und zufrieden in die Augenschatten.
Man hätte meinen können, daß er schliefe.

Aber sein Rücken war (wir trugen ihn,
Den Schweren, etwas abseits, denn er störte sehr
Kolonnen, die sich drängten), dieser Rücken
War nur ein roter Lappen, weiter nichts.

Und seine Hand (wir konnten dann den Witz
Nicht oft erzählen, beide haben wir
Ihn schnell vergessen) hatte, wie ein Schwert,
Den hartgefrorenen Pferdemist gefaßt,

Den Apfel, gelb und starr,
Als wär es Erde oder auch ein Arm
Oder ein Kreuz, ein Gott: ich weiß nicht was.
Wir trugen ihn da weg und in den Schnee.

Walter Höllerer war Literaturwissenschaftler und Dichter, er gab Lyrikbände heraus und schrieb Interpretationen. Dass er mit poetischen Traditionen vertraut ist, zeigt bereits die Form seines Gedichts: vier Strophen zu je vier Zeilen, von denen jede zwischen drei und sechs Hebungen aufweist. Die Zeilen reimen sich nicht, doch entsteht eine differenzierte Klangwirkung in der ersten und zweiten Strophe durch den Wechsel von männlichen („Rand“, „ihn“, „sehr“, „nichts“) und weiblichen („hingen“, „-schatten“, „schliefe“, „Rücken“) Endungen. Die weiblichen Endungen geben dem Gedicht etwas Kunstvolles, scheinbar Ästhetisches, das sich im Lauf des Gedichts verliert, denn die letzten beiden Strophen haben nur noch männliche Endungen. Auch die Handlung und die Bildlichkeit schwanken zwischen diesen beiden Polen einer zunächst fast träumerisch wirkenden Stimmung und der Ernüchterung.

Innere Spannung zwischen Form und Inhalt

Das Gedicht erzählt einen Tathergang. Bei Eich setzt sich zwar auch ein Ich in Bezug zu seiner unmittelbaren Umwelt, doch benennt dieses Ich im Präsens die Gegenstände, über die es sich in seiner gegenwärtigen Situation definiert. Bei Höllerer dagegen handelt es sich um ein Geschehen, das sich offensichtlich aus dem normalen Kriegsalltag heraushob und deshalb, fast wie eine Anekdote, rückblickend aus der distanzierenden Erinnerung im Präteritum wiedergegeben wird.

Ein Geschehen wird geschildert

Erst im Verlauf des Gedichts wird deutlich, **wer** den Hergang erzählt. Der Sprecher tritt in der ersten Strophe noch nicht auf, das verallgemeinernde „man“ lässt noch keine Rückschlüsse über eine innere Beteiligung des Sprechenden zu. In der zweiten Strophe jedoch kommt dieser in Z. 5 im Personalpronomen „wir“ erstmals vor

Situation des Sprechers

und nimmt Bezug auf die Situation in der ersten Strophe, in der ein Mensch beschrieben wird, der am Wegrand liegt. Erst in der zweiten Strophe entfaltet sich das Gesamtbild: Der Tote, dessen Schilderung die gesamte erste Strophe einnimmt, erweist sich hier als störend für die Kolonnen, vorstellbar als Wagen und Fußsoldaten auf der Flucht oder auf dem Rückzug, vielleicht im russischen Winter („Schnee“, Z. 16). Der Ort wird nicht genannt, was zeigt, dass sich das Geschilderte überall hätte abspielen können.
In der dritten Strophe wird das „Wir“ zusätzlich durch die Formulierung „beide haben wir“ konkretisiert. Es handelt sich also um zwei Soldaten, den Sprecher und seinen Freund, mit dem er in dieser Extremsituation Witze teilt (hier eine Art distanzierender Verarbeitung von eigentlich traumatisierenden Erfahrungen). Die Handlung wird dann endlich in der letzten Strophe benannt: Der störende Leichnam wird in den Schnee gelegt, eine Beerdigung ist unmöglich, da der Boden gefroren ist und die nachdrängenden Massen keine Zeit für individuelle Sorge um die Toten lassen. In Z. 15 nennt sich das Ich aber auch noch allein, allerdings in einer Art Abwehr oder Zurücknahme („ich weiß nicht was“).

Haltung des Sprechers zum Geschehen

Der beschriebene Vorgang ist unserer heutigen Erfahrungswirklichkeit nur schwer zugänglich. Er wurde uns vielleicht, filmisch umgesetzt oder als Dokumentaraufnahme, durch die Medien vermittelt, aber die ganze Tragweite seiner emotionalen Qualität bleibt uns fremd. Das lyrische Ich jedoch gibt durch die Art, wie es den (erlebten?) Vorgang im Gedicht umsetzt, seine Haltung dazu preis. Diese Preisgabe ist kompliziert, kann jedoch an formalen Elementen wie Satzbau, Wortwahl und Bildlichkeit festgemacht werden.
Der hinweisende Artikel „Der“ zu Beginn des Gedichts klingt abwertend und keineswegs lyrisch, auch „besonders“ ist ein Wort aus der Alltagssprache. Beide Worte machen den unbekannten Toten zu einem von unzählig vielen, denen die Nachfolgenden schon lange keine Beachtung mehr schenken können. Doch fällt dieser Tote dem Sprecher zunächst dadurch auf, dass ihm nicht, wie wohl vielen anderen, das Grauen des Sterbens noch im Gesicht geschrieben steht, sondern dass er entspannt

aussieht. Bei der Beschreibung dieser Entspannung wechselt der Ton des Gedichts, „mühelos“ ist ein klangschönes, vokalreiches, poetisches Wort, das eigentlich noch ins Leben gehört, in dem man Mühe hat und die Abwesenheit der Mühe als positiv empfunden wird. Dieser Eindruck setzt sich in den folgenden Zeilen fort. Das Enjambement von Z. 1 zu Z. 2 („Rand / Des Weges“) schafft beim stillen oder lauten Lesen einen Bogen, der die visuelle Vorstellung vom Weg verstärkt. Die Alliteration von „Weges“ und „Wimpern“ sowie die hellen i-Klänge („Wimpern“, „hingen“, „zufrieden in die“) vermitteln ein scheinbar friedliches Bild, das in starkem Kontrast zum eigentlich geschilderten Vorgang steht. Die letzte Zeile zieht in ungestörtem jambischem Metrum das Fazit: Der Tod erscheint als Schlaf, eine uralte mythische Vorstellung, die immer wieder in der Literatur thematisiert wird. Einzig die „Augenschatten“, eine klangvolle Metapher und sprachliche Neubildung, geben der Nähe des Todes etwas mehr Raum.

Zusammenspiel von Form und Inhalt

Die zweite Strophe entlarvt die Täuschung, die dem Ich vielleicht bei allem Grauen willkommen war, schon mit dem „Aber“, dann weiterhin durch einen fragmentiert wirkenden Satzbau (ein in Klammern gesetzter Teil in der Mitte und zwei Enjambements), der den Stau, der in der Kolonne durch den im Weg liegenden Toten entsteht, rhythmisch verdeutlicht. Die Klammer verursacht ein Stocken im Lesefluss, die nun folgende Beifügung „Den Schweren“ bewirkt dasselbe. Das Satzgefüge mit Hauptsatz und Nebensätzen will kein Ende nehmen, und nach der Klammer wird das Subjekt des Satzes außerhalb der Klammer noch einmal aufgenommen, sodass erst in der letzten Zeile endlich der grauenhafte Kontrast zu dem friedlichen Gesichtsausdruck des Toten benannt wird: der zerfleischte Rücken. Es scheint, als habe sich der Sprecher zunächst drei Zeilen lang dagegen gewehrt, das Entsetzliche seiner Entdeckung zu formulieren. Alles Menschliche, was dem Toten zunächst noch anzuhaften scheint, ist auf einen Schlag entstellt. Die Wortwahl gleitet – ein weiteres Zeichen der Abwehr – weiter ins Alltägliche („roter Lappen“), die lakonische Formulierung „weiter nichts“ verdrängt den Schock dieser Entdeckung, indem sie das Unfassbare abwertet, um den eigenen Zusammenbruch fernzuhalten.

Satzbau

Auch die folgende Strophe liest sich stockend, denn sie enthält wieder einen Satz in Klammern, der sich über drei Zeilen hinzieht.

Verdrängung des Schocks

Die Symmetrie des Gedichts wird jetzt deutlich: Die beiden Mittel-Strophen, in denen die Schockerfahrung auf scheinbar ganz unreflektierte Weise dargestellt wird, werden umrahmt von zwei Strophen, in denen der Versuch einer Ästhetisierung oder Sinngebung angedeutet scheint.

Die dritte Strophe enthält also wieder unpoetische Worte wie „Witz“ und „hartgefrorenen Pferdemist“. Diese erklären gleichsam die erste Reaktion der beiden Soldaten auf die grausame Entdeckung an ihrem Gefährten: Die Tatsache, dass dieser im Tod eine Stange gefrorenen Pferdemists zu umfassen scheint, lenkt ab von der Unerträglichkeit des zerfleischten Rückens.

Brechung

Hier findet eine vierfache Brechung statt: Vom Rücken flieht der Blick der beiden auf die Hand des Toten, das Absurde an deren Haltung wird auf die Ebene des Witzes abgedrängt, dieser Witz wird vergessen, doch auch an dieses Vergessen erinnert sich das Ich aus der Distanz. Der Schock der Entdeckung ist also nicht verarbeitet, was z. B. durch Trauer oder Klage möglich wäre, sondern er wird verdrängt.

Die letzte Strophe enthält den Versuch des Ichs, dem Erinnerten nachträglich einen Sinn („Kreuz“, „Gott“) zu geben. In der Formulierung „ich **weiß** nicht was“ wird die versuchte Sinngebung aber sofort wieder zurückgenommen. Sie hatte sich aus der Assoziation Pferdemist/Pferdeapfel entwickelt. Hier wird Höllerers Verankerung in der literarischen Tradition ganz deutlich – der Apfel verweist auf biblische Bildlichkeit, wo er für Erbsünde und Tod steht, und reiht sich auch durch das Adjektiv „starr“ in das Wortfeld des Todes ein: „schwer“, „Schatten“, „hartgefroren“, „Schnee“. Das Ich wirkt mit seinen Deutungsversuchen („Erde“, „Arm“, „Kreuz“, „Gott“) hilflos, es beginnt mit einem Konjunktiv „Als wär es“, der die Möglichkeit ganz beliebig macht. Der Unterschied zwischen der formlosen Erde und dem menschlichen Arm wird durch die Formulierung „oder auch“ völlig nivelliert. „Kreuz“ und „Gott“, die weiteren biblischen Assoziationen, scheinen zunächst einen Sinn für das Leiden anzudeuten, hinter dem unausgesprochen die Theodizee-Frage (die Frage nach dem Sinn menschlichen Leidens angesichts der göttlichen Allmacht) stehen könnte, aber durch das Zeilenende hinter dem Doppelpunkt werden all diese aneinander gereihten Deutungsmöglichkeiten resigniert verworfen.

Deutung des Leidens wird abgelehnt

Übrig bleibt nur noch die Schilderung der eigentlichen Handlung: Der Tote wird entfernt, damit er die Lebenden nicht mehr stört. Seine Präsenz, die zu Beginn noch die ganze erste Strophe erfüllte und sich in der Mitte auf den roten Lappen des zerfleischten Rückens reduziert hat, wird nun in einem Personalpronomen („ihn) nur noch angedeutet. Den Menschen selbst zu begraben oder zu betrauern hätte das Ich und seinen Freund völlig überfordert, so wird der Vorgang oberflächlich zur anekdotenhaften Momentaufnahme aus der Vergangenheit. Durch die kunstvolle lyrische Verarbeitung hat sich das Ich jedoch der Erinnerung gestellt und seine Unfähigkeit zu einer echten Verarbeitung thematisiert. Vielleicht könnte man das Gedicht deshalb auch als anschauliches Beispiel für die von Margarete und Alexander Mitscherlich formulierte „Unfähigkeit zu trauern" (1967) betrachten, die den Deutschen besonders für die 50er- und 60er-Jahre bescheinigt wurde und die heute, 60 Jahre nach Kriegsende, wieder unter ganz neuer Perspektive gesehen werden muss.

Unfähigkeit zu trauern?

Marie Luise Kaschnitz: „Hiroshima"

Auch Marie Luise Kaschnitzs Gedicht „Hiroshima" befasst sich mit der Verarbeitung einer Todeserfahrung, jedoch geht es im Gegensatz zu Höllerers Gedicht nicht um ein Opfer, sondern um einen Täter.

Am 6. August 1945 erfolgte in Hiroshima der erste militärische Kernwaffeneinsatz der Weltgeschichte durch die Amerikaner. Die 4,5 Tonnen schwere Bombe zerstörte 80% der Stadt und tötete 80 000 Menschen sofort, weitere 100 000 starben später an den Folgen der Verstrahlung. Verletzungen und genetische Folgeschäden waren verheerend. Heute kann die Ruine der Industrie- und Handelskammer, ein Mahnmal gegen den Atomkrieg, als Weltkulturerbe besichtigt werden. In Kaschnitzs Gedicht wird der hunderttausendfache Kriegstod angesprochen, der sich nicht mehr wie bei Höllerer in überschaubarem Rahmen abspielt, sondern durch tech-

Bombenabwurf über Hiroshima

nische Perfektionierung die Grenzen der menschlichen Vorstellungskraft sprengt.

Marie Luise Kaschnitz

Hiroshima

Der den Tod auf Hiroshima warf
Ging ins Kloster, läutet dort die Glocken.
Der den Tod auf Hiroshima warf
Sprang vom Stuhl in die Schlinge, erwürgte sich.
Der den Tod auf Hiroshima warf
Fiel in Wahnsinn, wehrt Gespenster ab
Hunderttausend, die ihn angehen nächtlich
Auferstandene aus Staub für ihn.

Nichts von alledem ist wahr.
Erst vor kurzem sah ich ihn
Im Garten seines Hauses vor der Stadt.
Die Hecken waren noch jung und die Rosenbüsche zierlich.
Das wächst nicht so schnell, daß sich einer verbergen könnte
Im Wald des Vergessens. Gut zu sehen war
Das nackte Vorstadthaus, die junge Frau
Die neben ihm stand im Blumenkleid
Das kleine Mädchen an ihrer Hand
Der Knabe der auf seinem Rücken saß
Und über seinem Kopf die Peitsche schwang.
Sehr gut erkennbar war er selbst
Vierbeinig auf dem Grasplatz, das Gesicht
Verzerrt von Lachen, weil der Photograph
Hinter der Hecke stand, das Auge der Welt.

Marie Luise Kaschnitz schrieb „Hiroshima“ 1957, als in der Öffentlichkeit der Prozess der Schuldzuweisung und der Reflexion über den Zusammenhang zwischen unkontrollierbarer Weiterentwicklung naturwissenschaftlicher Forschungen und ethischer Verantwortung langsam in Gang kam. Er spiegelt sich z.B. auch in der dritten Fassung von Brechts Schauspiel „Galileo Galilei“, in Dürrenmatts Komödie „Die Physiker“ oder in Heinar Kipphardts Dokumentarspiel „In der Sache J. Robert Oppenheimer“.

Seelische Verfassung des Bomberpiloten

Thema des Gedichts ist der Versuch, sich die Verfassung des Menschen vorzustellen, der als Pilot den Auftrag der

Militärs erfüllte, die Bombe abzuwerfen. Das Gedicht erwägt in zwei Strophen zwei Möglichkeiten. Die erste Strophe ist kürzer gehalten als die zweite. Sie besteht aus acht ungereimten Zeilen, die mit maximal fünf Betonungen weniger prosanah wirken als die längeren Zeilen der zweiten Strophe. Die Sprache dieser ersten Strophe wirkt stilisierter, u.a. durch den Satzbau: Die dreimalige Wiederholung der Zeile „Der den Tod auf Hiroshima warf" erinnert in ihrer Eindringlichkeit an Texte religiösen Inhalts wie Psalmen, ebenso die Nachstellung des Adjektivs „nächtlich" in Z. 7 oder die Formulierung „Auferstandene aus Staub". Die Alliteration in Z. 4 „**S**prang vom **S**tuhl in die **Sch**linge" gibt dem vorgestellten Bild des Selbstmords, den der Täter begehen könnte, eine strenge akustische Fassung.

Das lyrische Ich, das sich erst in der zweiten, fünfzehnzeiligen Strophe einführt, stellt sich hier, stellvertretend für viele, die schon über dieses Thema nachgedacht haben, vor, wie der Bomberpilot reagiert haben müsste, falls er die Konsequenzen seiner Tat erfasst hätte. Der Gedanke, dass die eigentliche Verantwortung bei den Befehlshabern liegt und dass Töten im Krieg eine Ausnahmesituation darstellt, wird völlig ausgeblendet. Es geht einzig um die konkrete Vorstellung, dass der Schuldige bestimmte Reaktionen zeigen müsste, die im Gedicht in dreifacher Steigerung erscheinen: Reue und Rückzug („Kloster") und öffentliche Verlautbarung der Tat („Glocken") werden als zu schwach verworfen und versuchsweise ersetzt durch die Möglichkeit, er könne Selbstmord begangen haben.

Mögliche Reaktion des Schuldigen

Doch auch diese Konsequenz scheint angesichts des verursachten Grauens nicht zu genügen. Der letzten Version werden vier Zeilen gewidmet. Die Vorstellung, der Schuldige werde nicht durch ein schnelles Ende erlöst, sondern lebenslang von den „Gespenstern" der Getöteten heimgesucht, die nicht um ihrer selbst willen „auferstanden" sind, sondern speziell zu seiner Qual, scheint in ihrer Angemessenheit als gerechte Strafe nicht mehr zu überbieten. Die ganze Strophe steht im Indikativ Präteritum, als stelle sich der Sprecher des Gedichts vor, dies alles sei in Wirklichkeit schon geschehen, als könne man sich also beruhigt abwenden, weil etwas bereinigt sei.

Diese Möglichkeit wird aber zu Beginn der zweiten Strophe sofort verworfen. Die ersten beiden der fünfzehn Zeilen, die sechs Sätze umfassen, sind kurz und unprosaisch, da sie eindeutig die Wirklichkeit benennen, welche die Gedanken der ersten Strophe nun als Wunschvorstellung entlarvt und wesentlich banaler ist als das zuvor Geschilderte. In einer spießbürgerlich normalen Umgebung – Vorstadtidylle, Modellfamilie mit zwei Kindern – lebt der Schuldige weiter, scheinbar unberührt von den Konsequenzen seiner Tat. Das sprechende Ich schildert ihn nur von außen, als Beobachter, lässt aber in diese scheinbar neutrale Beobachtung seine eigene Bewertung mit einfließen. Diese beginnt mit dem dritten und vierten Satz in Z. 12–14. Das sprechende Ich sieht in direktem Zusammenhang mit dem Schuldigen die „Hecken" und „Rosenbüsche", die neu angepflanzt sind, was den Sprecher sofort zu einer metaphorischen Folgerung veranlasst: Das Wachstum der Pflanzen könnte den Täter verbergen und wird mit der Zeit assoziiert („nicht so schnell"), die die Tat verjähren lassen könnte, doch äußert das Ich in den folgenden Zeilen indirekt Skepsis. Die Genitivmetapher „Wald des Vergessens" überhöht die scheinbar banale Darstellung der Hecken und Büsche. Dass dieser Wald nicht schnell genug wachsen wird, um den Täter in der Öffentlichkeit für immer zu entlasten, klingt wie eine verborgene Bedrohung.

Entlarvung als Wunschvorstellung

Bewertung des sprechenden Ich

Was „Gut zu sehen" ist, wird im nächsten, 6 Zeilen umfassenden Satz einfach aufgezählt. Aber auch hier lassen kleine Abweichungen von der scheinbaren Alltäglichkeit aufhorchen. Das Haus ist „nackt" und der Sohn des Piloten schwingt „die Peitsche" – ein harmloses Kinderspiel oder eine unreflektierte Fortsetzung der Gewalt? Der letzte Satz widmet sich ganz dem Piloten selbst, der „sehr gut erkennbar" ist, eine Steigerung, die die Bedrohung noch verstärkt, denn wer gesehen wird, kann sich der Verurteilung durch die Öffentlichkeit nicht mehr entziehen. Der Pilot steht nicht würdevoll vor seinem Haus, sondern hockt in künstlicher, erniedrigter Pose wie ein Tier („Vierbeinig") auf dem Gras. Sein verzerrtes Gesicht lässt darauf schließen, dass etwas zurückgeblieben ist in seinem Innern, das eine Entspannung für immer verhindern wird, wenn das „Auge der Welt", so das abschließende Bild des Gedichts, sich noch konstanter auf ihn richtet.

Der Sprecher deutet durch die Auswahl seiner Beobachtungen also an, dass, obwohl seine Wunschvorstellung, den Schuldigen werde eine gerechte Strafe ereilen, sich nicht bewahrheitet, die Verdrängung der Schuldproblematik kein permanenter Zustand bleiben kann. Es wird dem Leser aber gleichzeitig nahe gebracht, dass er sich nicht in die bequeme Phantasie der ersten Strophe flüchten kann, die Schuld sei nun abgegolten und es gebe einen Sündenbock, sondern dass gerade die Banalität des Geschilderten jeden Einzelnen einbezieht, der sich nur allzu gern aus der Verantwortung flüchten möchte.

Keine permanente Verdrängung der Schuld

Hans Magnus Enzensberger: „An alle Fernsprechteilnehmer"

Das Thema der schleichenden Bedrohung verbindet das letzte Gedicht des Kapitels „Politische Lyrik" mit dem von M. L. Kaschnitz.

Hans Magnus Enzensberger

An alle Fernsprechteilnehmer

etwas, das keine farbe hat, etwas,
das nach nichts riecht, etwas zähes,
trieft aus den verstärkerämtern,
setzt sich fest in die nähte der zeit
und der schuhe, etwas gedunsenes,
kommt aus den kokereien, bläht
wie eine fahle brise die dividenden
und die blutigen segel der hospitäler,
mischt sich klebrig in das getuschel
um professuren und primgelder, rinnt,
etwas zähes, davon der salm stirbt,
in die flüsse, und sickert, farblos,
und tötet den butt auf den bänken.

die minderzahl hat die mehrheit,
die toten sind überstimmt.

in den staatsdruckereien
rüstet das tückische blei auf,
die ministerien mauscheln, nach phlox
und erloschenen resolutionen riecht
der august. das plenum ist leer.
an den himmel darüber schreibt
die radarspinne ihr zähes netz.

die tanker auf ihren helligen
wissen es schon, eh der lotse kommt,
und der embryo weiß es dunkel
in seinem warmen, zuckenden sarg:
es ist etwas in der luft; klebrig
und zäh, etwas, das keine farbe hat
(nur die jungen aktien spüren es nicht):
gegen uns geht es, gegen den seestern
und das getreide, und wir essen davon
und verleiben uns ein etwas zähes,
und schlafen im blühenden boom,
im fünfjahresplan, arglos
schlafend im brennenden hemd,
wie geiseln umzingelt von einem zähen,
farblosen, einem gedunsenen schlund.

Hans Magnus Enzensberger, geboren 1929, Gründungsmitglied der „Gruppe 47“, kritisiert konsequent überkommene Machtverhältnisse und Ideologien. Seine beiden Lyrikbände „verteidigung der wölfe“ und „blindenschrift“ fanden viel Resonanz. Bis heute ist er eine wichtige Stimme in der deutschen Literaturszene. In dem Band „Doppelinterpretationen“ von Hilde Domin, in dem jeweils die Interpretation eines Literaturwissenschaftlers den Gedanken des Autors zu seinem eigenen Gedicht gegenübersteht, erklärt Enzensberger, wie er zur Überschrift seines Gedichts kam, sowie die Begriffe „Verstärkeramt“ (Z. 3) und „Radarspinne“ (Z. 22):

„Ich halte den Titel für einen unentbehrlichen Teil des Gedichts. Er kann als Nenner oder Schlüssel, aber auch als Falle oder Sigel fungieren. [...] Im gegenwärtigen Fall habe ich mich für eine Überschrift entschieden, die als ironische Adresse wirkt. Wenn es in dem Gedicht heißt ‚gegen uns geht es‘, so sind damit alle gemeint. [...] Ich greife deshalb eine Phrase auf, die man zuweilen auf Postwurfsendungen liest, auf Massendrucksachen, mit denen dem Empfänger eine Seifenmarke, ein Weg zum ewigen Leben oder ein Abgeordneter empfohlen wird, und setze sie über das Gedicht. Mein Titel lautet: an alle fernsprechteilnehmer.“

Enzensbergers Begriffserklärungen

„Ein Verstärkeramt ist eine Einrichtung, deren sich jedermann bedient, ohne sich ihrer Existenz und Funktion bewusst zu werden. Jedes Ferngespräch, das

> wir führen, geht über ein solches Amt. Es läuft über eine Zentrale, wo die Schwachstromimpulse elektronisch verstärkt werden. Solche Zentralen liegen gewöhnlich irgendwo auf dem Land, unscheinbare Gebäude, in deren Kellern die Automaten ihre Arbeit verrichten."
>
> „Auch die Radarspinne gehört zum Inventar der Technik. Ihr Begriff stammt aus der Funk- Navigation. Dort bezeichnet sie ein Koordinatensystem, das den Radarschirm nachbildet – ein sogenanntes Nomogramm, das in der Tat einem Spinnennetz gleicht. Der Schreiber des Textes verwendet das Wort ‚Radarspinne' nicht [...] so, wie es in einer technischen Abhandlung erschiene, er nimmt es buchstäblich. [...] Jedermann weiß, daß ein unsichtbares Netz von Peilstrahlen und Koordinaten unseren Himmel überzieht [...]. Der Gedichtschreiber macht sich das Kunstwort zunutze. Er meint nicht mehr, oder nicht allein, das Nomogram der Navigatoren, sondern eine wirkliche, wenngleich unsichtbare Spinne, die unseren Himmel zuwebt, und das heißt: ihn als das, was er eigentlich ist, verdeckt."

Und als Programm seines Gedichts erklärt Enzensberger:

> „Es ist also ohne Zweifel ein politisches Gedicht. [...] Ich glaube, [...] daß die politische Poesie ihr Ziel verfehlt, wenn sie es direkt ansteuert. Die Politik muß gleichsam duch die Ritzen zwischen den Worten eindringen, hinter dem Rücken des Autors, von selbst. Er ergreift nicht Partei für diese oder jene Fraktion. Das Etwas, von dem er spricht, trieft über Partei- und Ländergrenzen, ebenso wie die radioaktiven Isotope in der Luft." (Domin, Hrsg., 1973, S. 127–130)

Äußere Form

Die Botschaft, die uns durch eine „Postwurfsendung" erreicht, erscheint schon auf den ersten Blick als komplizierter als das, was uns normalerweise auf den Tisch flattert, um ungelesen im Papierkorb zu verschwinden. Fünf Strophen von verschiedener Länge – die zweite, kürzeste umfasst nur zwei Zeilen – enthalten in konstanter Kleinschreibung ganze Sätze mit Satzzeichen. Reime finden sich nicht, die Zeilen sind alle von ähnlicher Länge und enthalten meist drei Hebungen. Die Sprache ist betont rhythmisch und weist eine Fülle von Bildern und intensiven Klangeffekten auf. Eine genaue Betrachtung wird nötig, um den Sinn der Botschaft zu verstehen.

Schon das erste Wort „etwas" deutet darauf hin, dass Gefahr droht, da das Subjekt nicht genau definiert werden kann. Alle weiteren Attribute sowie die Verben verstärken den negativen, sogar ekelerregenden Eindruck. Das „Etwas" ist farblos, geruchlos, gedunsen, zäh und klebrig. Es trieft, setzt sich fest, bläht „die blutigen Segel", mischt sich und rinnt. Die Invasion der unbekannten Macht kommt aus dem „Verstärkeramt", dessen sich jeder bedient, ohne sich darüber bewusst zu werden, deshalb ist sie nicht kontrollierbar. Auch dort, wo das bedrohliche „Etwas" sich festsetzt, kann es nicht gegriffen werden.

Unbekannte Macht

Das Bild „die nähte der zeit" ist eine Genitivmetapher, die durch das direkte Aufeinanderprallen von Konkretem (Naht) und Abstraktem (Zeit) gekennzeichnet ist. Dieses Bild suggeriert, dass die Zeit nichts Ganzes, sondern aus einzelnen Stücken zusammengesetzt ist oder dass sie Risse hat, die zusammengefügt werden müssen. Hier wird die Atmosphäre der existenziellen Bedrohung verstärkt, denn wenn bereits die Schuhe betroffen sind, so ist das Beängstigende in unmittelbare körperliche Nähe vorgedrungen. Im Folgenden wird die undefinierbare Bedrohung mit allen nur denkbaren Bereichen des öffentlichen Lebens verbunden. Sie kommt aus Industrieanlagen („kokerien"), fungiert wie ein Wind, der erschreckende Geheimnisse von Krankenhäusern und Banken entlarvt. In Z. 9 und 10 unterstreicht die Lautmalerei („mi**scht**", „getu**sch**el" „**p**rofessuren", „**p**rimgelder") den verbalen Aspekt der Bedrohung, die durch hierarchische Machtkämpfe um die öffentlichen Positionen z. B. an Universitäten entsteht. In den letzten drei Zeilen wird die Zerstörung der Natur durch die nicht greifbare Gefahr thematisiert. Mit Alliterationen („**s**alm", **s**tirbt" – „**b**utt", **b**änken") wird die Tödlichkeit, zu der sich das „Etwas" im Laufe der Strophe gesteigert hat, sinnlich erfahrbar gemacht.

Atmosphäre der Bedrohung

Die zweizeilige Kurzstrophe, die nun folgt, enthält nichts über die Bedrohung und wirkt dadurch wie eine Begründung für die vorher geschilderte Gefahr. Hier wird in zwei paradoxen Aussagen der politische Aspekt des Gedichts sehr deutlich. Die erste Zeile könnte signalisieren, dass die Regeln der Demokratie verletzt sind, die zweite, dass die Opfer des Kriegs sinnlos gewesen sind, weil wieder die gleichen Fehler gemacht werden wie zur Nazizeit.

Die dritte Strophe befasst sich fast ausschließlich mit Missständen im Bereich der Politik: Wiederbewaffnung (Z. 16 und 17), in den Fünfzigerjahren ein brisantes Thema im Zeichen des Kalten Krieges, und Ineffektivität der Regierung (Z. 18–20) werden angedeutet. Das zähe Netz der „Radarspinne" scheint aus dem klebrigen „Etwas" der ersten Strophe zu bestehen und kann sogar den Himmel überziehen, den letzten Zufluchtsort metaphysischer Vorstellungen. Bevor die fünfte Strophe die erste variiert, wird die Vorahnung von Unheil in zwei Bildern angesprochen: Die Tanker auf den Werften und der Embryo im Mutterleib, beide in einem Zustand der Unschuld, bevor sie ihre Jungfernfahrt oder ihren Weg ins Leben unternehmen, haben bereits ein Bewusstsein von der Bedrohung. Die Chancenlosigkeit beider wird am erschreckendsten deutlich durch die Bezeichnung des Uterus als „zuckenden Sarg".

Politischer Aspekt

Die ersten beiden Zeilen der fünften Strophe nehmen das Thema der ersten leicht verändert wieder auf. So bildet sich ein Rahmen, der die Bedrohung am Schluss des Gedichts noch einmal in verschiedenen Aspekten anspricht und die Hoffnungslosigkeit angesichts der drohenden Zerstörung von innen heraus erdrückend werden lässt. Die dritte Zeile ist die einzige, die in Klammern steht. Wenn Aktien als unempfindlich gegen die Bedrohung bezeichnet werden, so ist die Kritik am Wirtschaftswunderland Deutschland zwar bewusst verhalten formuliert, aber unüberhörbar. Seine Bürger werden als schlafend und „arglos" bezeichnet, scheinbar geschützt von aufstrebender Wirtschaftskraft („blühender boom") und von den Finanzplänen der Regierung. Doch das Existenzielle, die Natur, von der wir, die Bürger, ein Teil sind, wird von der mysteriösen Macht zerstört (z. B. der Seestern, eine Kreatur von großer Schönheit und Verletzlichkeit). Das Essen von Getreide, das von dieser fremden Macht bereits verseucht ist, erhält im heutigen Kontext der Pestizide und der Genmanipulation eine besondere Brisanz, die Enzensberger 1960 nur vage vorausahnen konnte.

Hoffnungslosigkeit angesichts der Zerstörung

Die Schlusszeilen sind bedrückend in ihrer Tödlichkeit. Das Bild des brennenden Hemds stammt aus dem griechischen Mythos. Deianira, die Herakles liebt, taucht aus

Eifersucht sein Hemd in giftiges Blut. Es verschmilzt mit seiner Haut und verbrennt ihn. In einem solchen Hemd schlafen zu können bedeutet daher ein äußerstes Maß an Abgestumpftheit für die bevorstehende Gefahr. Die Machtlosigkeit der Geiseln, die für fremde Machtzwecke gequält und getötet werden, und das Subjekt der letzten Passivkonstruktion, der Schlund, von dem wir, die Bedrohten, verschlungen werden, lassen keinerlei Hoffnungsgedanken mehr zu. Wenn die Politik aber, wie der Autor es sich erhofft, „durch die Ritzen zwischen den Worten" im Gedicht eingedrungen ist, so hat den Leser vielleicht eine Mahnung erreicht, die das Ziel aller engagierter politischer Lyrik ist.

Zusammenfassung

Nach 1945 kann ein Neuanfang der Lyrik beobachtet werden, der jedoch nicht unbedingt einem Kahlschlag gleichzusetzen ist, denn überlieferte Formen und Inhalte werden, wenn auch reduziert, übernommen und variiert. Die Form dieser Lyrik ist aber weitgehend von Schmucklosigkeit und Knappheit des Ausdrucks geprägt. Die Thematik der politischen Lyrik umfasst z. B. den Versuch der Selbstvergewisserung durch das Schreiben (**Eich**). Hier geht es nach völliger Verlusterfahrung um materiellen, dann aber auch um geistigen „Besitz".
Die Unbelehrbarkeit des Menschen in Bezug auf den Krieg wird bei **Kunert**, **Fried** und **Heißenbüttel** thematisiert; um die Täter/Opfer-Problematik geht es bei **Marie Luise Kaschnitz**. Die psychologische Verarbeitung traumatisierenden Kriegsgeschehens bildet eine weitere wichtige Thematik, hier vertreten durch **Höllerers** Gedicht. Sowohl bei Kaschnitz als auch bei **Enzensberger** finden wir die Andeutung einer schleichenden Bedrohung durch die geistige Enge und den Materialismus der 50er-Jahre. Diese Bedrohung wird vom Lyriker, der politischen Tendenzen gegenüber vielleicht wacher ist als seine Zeitgenossen, wahrgenommen und mahnend und warnend formuliert.

Naturlyrik

Einleitung

Gebrochenes Verhältnis des Menschen zur Natur

„Naturlyrik" nach 1945 – ist eine solche Bezeichnung angesichts des gebrochenen Verhältnisses, das sich beim modernen Menschen der Natur gegenüber findet, überhaupt sinnvoll? Wohl nur dann, wenn man darunter die Auseinandersetzung des Dichters gerade mit dieser Problematik versteht. Um zu verdeutlichen, an welchem Punkt in der Entwicklung die Naturlyrik in der Nachkriegszeit stand, soll zunächst der Bogen von Goethe her geschlagen werden, dem die Natur noch unmittelbare subjektive Erfahrungsmöglichkeit bot, bei der sich das Ich in Harmonie mit der Umwelt fühlen konnte, über Eichendorff, wo diese Harmonie durch Überbetonung der Subjektivität ins Wanken kommt, bis zu Gottfried Benn, bei dem die Erfahrung der Trennung zwischen Mensch und Natur thematisiert wird.
Dabei zeigt sich, wie sich das Ich als klare, umgrenzte Einheit immer mehr aus dem Gedicht entfernt, wie die Distanz zum (Natur-)Gegenstand immer größer wird. Anschließend sollen an drei Beispielen der Lyrik nach 1945 verschiedene Haltungen des Ich zur Natur demonstriert werden. Diese Beispiele zeigen, wie die Natur in der modernen Lyrik dargestellt wird: Sie kann nicht mehr spontan erlebt werden, sondern der Dichter kämpft um einen Zugang zu ihr, der oft ganz privat bleibt und nicht mehr allgemein nachvollziehbar ist.

Johann Wolfgang von Goethe: „Im Herbst 1775"

Naturlyrik im 18. Jahrhundert

Zu den beiden Gedichten von Goethe und Eichendorff wird keine ausführliche Interpretation geliefert; es geht lediglich darum, die Naturerfahrung des jeweiligen lyrischen Ich herauszuarbeiten, um die Wandlung auf diesem Gebiet vom 18. bis zum 20. Jahrhundert deutlich zu machen.

Im Herbst 1775

Fetter grüne, du Laub,
Das Rebengeländer,
Hier mein Fenster herauf.
Gedrängter quillet,
Zwillingsbeeren, und reifet
Schneller und glänzend voller.
Euch brütet der Mutter Sonne
Scheideblick, euch umsäuselt
Des holden Himmels
Fruchtende Fülle.
Euch kühlet des Monds
Freundlicher Zauberhauch,
Und euch betauen, ach,
Aus diesen Augen
Der ewig belebenden Liebe
Voll schwellende Tränen.

Erlebnislyrik

Die direkte Anrede des Ich an „Laub" und „Zwillingsbeeren", in denen sich die herbstliche Natur manifestiert, verdeutlicht die Grundvoraussetzung für die Naturerfahrung des jungen Goethe: Natur wird erlebt, mit allen Sinnen, die dem Menschen zur Verfügung stehen. Hier zeigt sich das Erleben darin, dass das Ich („**mein** Fenster") Laub und Beeren, die unter seinem Fenster wachsen, sieht und gleichzeitig seine innere Anspannung und Erwartung, die wohl (siehe Schluss des Gedichts) in einer Liebe begründet liegen, auf diese Naturdinge überträgt, indem es sie zum schnelleren Wachsen und Reifen auffordert. Die Einheit zwischen beobachtbarem, objektivem Außen (Laub und Beeren) und subjektivem Innen (Erwartung) ist also schon zu Beginn des Gedichts gegeben. Die realen, sichtbaren Naturdinge werden zum Auslöser einer inneren Erfahrung, und dabei sind Subjekt (Ich) und Objekt (Laub und Beeren) gleichwertig, jedes erhält im Gedicht seinen Lebensimpuls vom anderen.

Das Ich ist harmonisch in einen sinnvollen Weltzusammenhang einbezogen

Symbolische Bildlichkeit

Diese Harmonie setzt sich in den Zeilen 7–12 fort, ja, sie wird hier noch ausgeweitet, denn Laub und Beeren werden nun in einen globalen Zusammenhang hineinversetzt: Sonne, Himmel und Mond gaben und geben ihnen Leben und Fruchtbarkeit. So werden die an sich unscheinbaren herbstlichen Pflanzen und Früchte zu Trägern eines großen, allumfassenden Sinns, der sich im harmonischen Zusammenwirken der Naturelemen-

te äußert. Die letzten vier Zeilen zeigen, dass auch das anfangs schon eingeführte Ich an diesem Ablauf teilhat, dass es sogar eine zentrale Stellung in ihm einnimmt. Indem seine „Tränen der Liebe“ die Beeren „betauen“, erweisen sie sich als organischer Bestandteil der sie umgebenden Welt. Tränen kommen aus dem tiefsten Inneren des Menschen und sind Ausdruck seiner tiefsten Empfindungen und Gefühle. Wenn sie hier Beeren und Laub „betauen“, so ist darin eine lebendige, dynamische Verbindung zwischen dem Ich zu sehen, aus dem diese Tränen quellen, und der Natur, in die es sich eingebettet sieht. Dass es Tränen der „ewig belebenden Liebe“ sind, gibt dem Gedicht noch eine weitere Dimension, denn diese Liebe bleibt nicht in sich befangen, sondern fasst die Welt und das in ihr und von ihr lebende Ich zu einem großen sinnvollen Ganzen zusammen. Dieser Vorgang stellt gleichzeitig die Lösung der in der ersten Zeile angedeuteten Spannung dar.
Das Gedicht ist also symbolisch, weil sich die drei Elemente des Goethe'schen Symbols: Anlass (konkretes, subjektiv erfahrenes Liebeserlebnis), Bild (objektiv beobachtbares Naturding, hier Laub und Beeren) und Idee (herbstlicher Abschied, herbstliche Vollendung und Reife mit gleichzeitigem Neubeginn) die Waage halten.
Obwohl Goethe dieses Gedicht in seiner Jugend schrieb, kann man es doch als typisch für die Naturauffassung seiner klassischen Periode bezeichnen.

Naturlyrik in der Romantik

Joseph von Eichendorff: „Nachts“

Beim Schritt in die Romantik fällt die Verlagerung der Beziehung zwischen Ich und Natur zur Innerlichkeit und Subjektivität hin auf. Ein Gedicht von Joseph von Eichendorff soll hierfür als Beispiel dienen.

Nachts

Ich wandre durch die stille Nacht,
Da schleicht der Mond so heimlich sacht
Oft aus der dunklen Wolkenhülle,
Und hin und her im Tal
Erwacht die Nachtigall,
Dann wieder alles grau und stille.

Natur vermittelt den Eindruck der Unruhe

O wunderbarer Nachtgesang:
Von fern im Land der Ströme Gang,
Leis Schauern in den dunklen Bäumen –
Wirrst die Gedanken mir,
Mein irres Singen hier
Ist wie ein Rufen nur aus Träumen.

Aus diesem Gedicht spricht als Grundhaltung der Natur gegenüber nicht mehr Harmonie, Geborgenheit und Lösung, sondern eine verborgene Angst und Unruhe. Dies wird in den Schlüsselwörtern „Ich wandre“ (die Figur des Wanderers ist typisch romantisch und steht für Sehnsucht, Suche nach einem weit entfernten, oft unerreichbaren Ziel), der Mond „schleicht“, „oft“, „hin und her“, „dann wieder“, „wirrst“ und „irr“ deutlich. – Wie hat sich nun für den Romantiker die Sicht der Natur verändert, sodass er sie eher als Bedrohung denn als Quelle der Ruhe und Befreiung empfinden muss?

Naturgegenstände verlieren Eigenwert

Klang ist wichtiger als Sehen

Auf diese Frage finden wir im Gedicht eine Antwort. Die Naturgegenstände erscheinen hier nicht mehr als konkret fassbare und erlebte Phänomene, so wie Laub und Beeren bei Goethe. Sie bleiben eher vage: Der Mond ist kein direkter Ansprechpartner mehr, wie in vielen Goethe-Gedichten, sondern er entzieht sich dem Ich (er „schleicht heimlich sacht“). Die Nachtigall ist nicht ein in einem bestimmten Moment wirklich gehörter Vogel, sondern die allgemeine Verkörperung eines Klangs, räumlich nicht festzulegen („hin und her“). Die Ströme sind fern und werden, ebenso wie die Bäume, die sich nur in ihrem „Schauern“ äußern, nicht sichtbar. Während bei Goethe das visuelle Element überwog, herrscht hier Nacht; die Wahrnehmung verlagert sich also auf das Akustische („Nachtigall“, „Nachtgesang“, „der Ströme Gang“, „Schauern“, „Singen“, „Rufen“). Dadurch haftet den genannten Naturdingen etwas Irritierendes, nicht Fassbares an. Sie bewahren nicht mehr ihre eigenen Konturen, sie fließen ineinander und verdichten sich zu einer irrealen Bedrohung, vor der das sie erlebende Ich in Unruhe gerät, zwischen Traum- und Wachzustand nicht mehr unterscheiden kann, wodurch es in seiner Sicherheit gegenüber der Welt erschüttert wird. Nachtigall, Mond und Bäume sind nicht mehr objektiv erlebte Naturgegenstände, aus denen sich eine Symbolik ergeben könnte, sondern Chiffren, Geheimzeichen für die innere Verfassung des lyrischen Ich. Sie verlieren ihren Eigenwert und dienen dazu, auf seelische Zustände zu verweisen. Wir können also im Vergleich zum Goethe-Gedicht feststellen, dass sich das Verhältnis des Ich zur Natur insofern verändert hat, als die Begegnung mit den konkreten Erscheinungsformen der Natur und die spontane Verschmelzung mit ihnen nicht mehr möglich ist. Obwohl der Naturgegenstand als Gefühlsträger dient, rückt er als konkret fassbares Ding ferner, der Bezug zu ihm erfährt einen ersten Bruch, und das Ich empfindet ein gewisses Maß an Unsicherheit ihm gegenüber.

Natur als Chiffre für die innere Verfassung des lyrischen Ich

Veränderung des Wirklichkeitsbezugs

Gottfried Benn: „Anemone"

Eine weitere Stufe dieser Entwicklung finden sich in einem relativ frühen Gedicht Gottfried Benns (verfasst zwischen 1922 und 1936), das also noch nicht zur „Lyrik nach 1945" gehört, aber direkt auf die Naturerfahrung nach 1945 hinführt.

Das lyrische Ich ist aus dem Gedicht verschwunden und damit – so kann man folgern – auch der direkte Bezug des Ich zu seinem Naturgegenstand. Es handelt sich um die Darstellung von Empfindungen und Überlegungen über den Zustand der Welt, die ein ungenanntes Subjekt beim Anblick der Anemone verspürt bzw. anstellt. Der Sprechende objektiviert seine Empfindungen und formuliert sie als Aussage über die Anemone. Ein Zustand der Harmonie mit dem Gegenstand wie bei Goethe, aber auch ein gefühlsmäßiges Aufgehen in ihm wie bei Eichendorff ist hier nicht mehr möglich.

Naturlyrik im 20. Jahrhundert

Fehlen des lyrischen Ich

Gottfried Benn

Anemone

Erschütterer –: Anemone,
die Erde ist kalt, ist Nichts,
da murmelt deine Krone
ein Wort des Glaubens, des Lichts.

Der Erde ohne Güte,
der nur die Macht gerät,
ward deine leise Blüte
so schweigend hingesät.

Erschütterer –: Anemone,
du trägst den Glauben, das Licht,
den einst der Sommer als Krone
aus großen Blüten flicht.

Macht der Anemone

Die Anemone wird dargestellt als zerbrechlicher Naturgegenstand („leise", „schweigend") – in einer feindlichen Umwelt („die Erde ist kalt, ist Nichts", „ohne Güte", „der nur die Macht gerät"). Doch gerade in ihrer scheinbaren Machtlosigkeit liegt die Kraft der Blume; zweimal wird sie als „Erschütterer" bezeichnet und benannt, ja fast beschworen, und die auf der Erde verloren gegangenen Werte des „Glaubens" und „Lichts" werden ihr, ebenfalls zweimal, zugesprochen, in der letzten Strophe als Zukunftsvision einer möglichen besseren Welt. Es äußert sich also ein Ich, das die Erstarrung und Hoffnungslosigkeit der Welt beklagt und sich nicht mehr in harmonischer Einheit mit der Welt und Natur sehen kann.

Naturlyrik nach 1945

Aber einen wichtigen Schritt vermag das Ich noch zu tun, der, wie wir sehen werden, dem Lyriker nach 1945 versagt ist. Es kann der Anemone trotz aller Resignation über den desolaten Zustand der Welt noch die ungeheure Macht zusprechen, die Welt zu verändern, in einer fernen, besseren Zukunft die verlorenen Werte Glauben und Licht wieder wachzurufen. Insofern gewinnt diese Blume, die den Frühling ankündigt, wenn der Winter noch auf der Erde lastet („Die Erde ist kalt, ist Nichts"), eine Bedeutung, die weit über ihre reale, unscheinbare Existenz hinausgeht und eigentlich nur vom Dichter so gesehen werden kann.

Peter Huchel: „Das Zeichen"

Die bisher letzte Stufe in dieser Entwicklung finden wir einem Gedicht Peter Huchels, das durch den Vergleich mit einem motivverwandten Gedicht von Günter Eich noch weiter erhellt werden kann. Eich und Huchel waren befreundet, und es ist anzunehmen, dass Huchels Gedicht „Das Zeichen" in direktem Bezug zu dem Gedicht des Freundes entstanden ist.

Peter Huchel

Das Zeichen

Baumkahler Hügel,
Noch einmal flog
Am Abend die Wildentenkette
Durch wäßrige Herbstluft.

War es das Zeichen?
Mit falben Lanzen
Durchbohrte der See
Den ruhlosen Nebel.

Ich ging durchs Dorf
Und sah das Gewohnte.
Der Schäfer hielt den Widder
Gefesselt zwischen den Knien.
Er schnitt die Klaue,
Er teerte die Stoppelhinke.
Und Frauen zählten die Kannen,
Das Tagesgemelk.
Nichts war zu deuten.
Es stand im Herdbuch.

Nur die Toten,
Entrückt dem stündlichen Hall
Der Glocke, dem Wachsen des Efeus,
Sie sehen
Sen eisigen Schatten der Erde
Gleiten über den Mond.
Sie wissen, dieses wird bleiben.
Nach allem, was atmet
In Luft und Wasser.

Wer schrieb
Die warnende Schrift,
Kaum zu entziffern?
Ich fand sie am Pfahl,
Dicht hinter dem See.
War es das Zeichen?

Erstarrt
Im Schweigen des Schnees,
Schlief blind
Das Kreuzotterndickicht.

Schon die Überschrift des Gedichts ruft im Leser oder Hörer vielfältige Erinnerungen wach. Wenn wir von der alltäglichen Bedeutung des Wortes Zeichen ausgehen, wird uns bereits klar, dass zwei Elemente in ihm enthalten sind: ein sichtbares, für jeden zugängliches und das dahinter verborgene Element dessen, wofür das Zeichen steht. Sind Zeichen nicht durch Konventionen festgelegt (wie z. B. Verkehrszeichen), so erfordert es Anstrengung, sie zu deuten. Dies gilt auch für alle Religionen, in denen ein Gott oder die Götter den Menschen Zeichen senden und auf diese Weise mit ihnen in Verbindung treten. (So deuteten schon die griechischen Seher den Flug der Vögel als göttliches Zeichen. Ein anderes Beispiel wäre die Geschichte von Belsazar, dem an der Wand die warnende Flammenschrift Gottes erschien.) Weiterhin erinnern wir uns an die von Novalis formulierte „Universalpoesie" der Romantik, nach welcher die den Menschen umgebenden Naturdinge Träger des Göttlichen sind, Geheimzeichen oder Chiffren der in ihnen wohnenden absoluten Poesie, die nur durch den Dichter zum Leben befreit werden kann. Vielleicht gehen wir auch noch einen Schritt weiter und verfolgen die Entwicklung eben jener Chiffren in der deutschen Lyrik, wobei uns bewusst wird, dass die Anstrengung bei der Deutung von Zeichen bis in die Gegenwart immer größer wird, weil sich die Chiffren immer mehr von einem realen Erfahrungszusammenhang loslösen („absolute" Chiffren). Wir wissen vom Dichter nach 1945, dass er versucht, ein Zeichen des Sinns zu setzen in einer Welt, die immer mehr des Sinnzusammenhangs zu entbehren scheint.

Bedeutung von „Zeichen"

Welcher Stellenwert kommt also dem „Zeichen" in Huchels Gedicht zu? Das Ziel der Interpretation wird sein, auf diese Frage eine Antwort zu finden. Der Beginn des Gedichts zeigt, dass das Ich in der Tradition derer steht, die Zeichen in der Natur zu lesen und zu deuten versuchen. Ein Landschaftsbild wird mit wenigen Strichen gezeichnet: Hügel, Vogelzug, See. Die Herbheit dieser Landschaft lässt sich ablesen an dem Adjektiv „kahl" und an der Tatsache, dass es Herbst ist – kein Herbst „mit Frucht und Fülle", sondern ein Herbst mit Nebel, mit dem Bewusstsein der Vergänglichkeit („noch einmal"). Nebel und „wäßrige Herbstluft" legen einen Schleier um die Landschaft. Könnte dieser Schleier durchdrungen

Suche nach dem Zeichen in der Landschaft

werden, so würde die Antwort auf die Frage „War es das Zeichen?" vielleicht leichter fallen.

Mit dieser Frage schafft das Ich eine neue Ebene; der Bezug zur Überschrift wird hergestellt, und es wird deutlich, dass das Ich der Natur als Suchender und Fragender gegenübersteht, dass es die Möglichkeit einer metaphysischen Erkenntnis andeutet, zu der ihm das Zeichen aus der Natur vielleicht verhelfen könnte – oder wenigstens die Sehnsucht nach einer solchen Erkenntnis. Aber auf die deutlich formulierte Frage „War es das Zeichen?" gibt es keine Antwort. Die Natur reagiert nur mit Bedrohung (das Schilf präsentiert sich im Bild von durchbohrenden „Lanzen") und Abweisung. Eine Antwort könnte Ruhe schaffen, aber der Nebel ist „ruhlos". Auch wird der See selbst mit seinen Ufern und seiner Wasserfläche nicht vom Ich wahrgenommen, sondern es erscheint nur das ihn umgebende Schilf („f**a**lbe L**a**nzen"), das den Zugang zu ihm verwehrt, und der Nebel, der die Sicht nicht freigibt. Vokale und Metrum unterstreichen diese eindringliche Wirkung noch: Aus den „f**a**lben L**a**nzen" hören wir die Bedrohung dunkel heraus, die Vokalfolge u-o-e geht in den beiden letzten Zeilen der ersten Strophe genau parallel und schafft einen intensiven Klanghintergrund. Die beiden daktylischen Silben von „durchb**ō**hrt**ĕ** **der**" und „rūhl**ŏ**s**ĕ**n" im Gegensatz zu den vorhergehenden langen Vokalen o und u lassen die Unruhe auch beim Lesen deutlich werden.

Verhältnis Ich – Natur

In der dritten Strophe erscheint das Ich nun zum ersten Mal direkt. Die Szenerie hat gewechselt; das Ich befindet sich nicht mehr in der menschenleeren Landschaft, sondern im Dorf, einem von Menschen geschaffenen Ort. Dementsprechend anders als in der ersten Strophe sind auch die Erfahrungen des Ich. Sie beziehen sich, wie man schon der prosanahen, kargen Sprachgebung entnehmen kann, nicht mehr auf Metaphysisches, sondern auf das „Gewohnte", das täglich Beobachtbare: die Tätigkeit der Schäfer und ihrer Frauen, die schon seit Jahrhunderten die gleiche ist und an der es „nichts zu deuten" gibt. Die Beobachtungen des Ich sind genau, es kennt die ländlichen Fachausdrücke „Stoppelhinke, Herdbuch, Gemelk", es ist in dieser Umgebung ebenso verwurzelt wie in der vorher gezeichneten Seenlandschaft. (Beide gehören wohl der Mark Brandenburg an,

Suche nach dem Zeichen in der dörflichen Umgebung

wo Huchel, der in Berlin geboren wurde, 1934–40 lebte.) Während die Seenlandschaft ihm jedoch die Frage nach dem Zeichen aufgab, deren Nicht-Beantwortung zur Ruhelosigkeit führte, lässt die Umgebung des Dorfs nichts Ungeklärtes zurück, worüber es sich zu reden lohnte. Die Schlusswendung der Strophe: „Es stand im Herdbuch" ist endgültig. Was dort steht, ist in seiner Unverrückbarkeit vielleicht in gewisser Weise tröstlich: Es gibt noch Dinge, die bleiben, an die man sich halten kann. So war die Welt der Bauern und derer, die in der Natur arbeiten, schon seit den Anfängen der Menschheitsgeschichte. Aber die Zeile „Nichts war zu deuten" ist nicht so einfach abzutun. Es liegt nicht nur ein Trost darin; sondern auch eine Art von Resignation: Hier gibt es kein Zeichen, das zu deuten wäre.

Keine Gewissheit über das Zeichen

Die nächste Strophe bringt eine Überraschung. Von der konkreten Ebene des märkischen Dorfes werden wir unvermittelt auf eine abstrakte, transzendente Ebene geführt: in die Welt der Toten. Wir verstehen auch sofort den inneren Zusammenhang mit den beiden vorhergehenden Strophen: Da die Suche nach dem Zeichen in der ersten Strophe bisher erfolglos war, müssen wir uns in andere Bereiche begeben, um vielleicht dort fündig zu werden. Während die vorigen Strophen in der Vergangenheit standen, um eine einmalige, vergängliche Erfahrung zu schildern, steht allein die vierte Strophe in der Gegenwart, denn die Präsenz der Toten ist ewig und zeitlos. Dies wird noch deutlicher in den Bildern von Z. 20 f. ausgedrückt: Stunden und Wachstum, das ja auch nur in der Zeit denkbar ist, haben im Reich der Toten keinen Platz. Und nur in dieser fernen, allem Menschlichen entrückten Sphäre ist es möglich, zu „sehen" und zu „wissen".

Suche nach dem Zeichen in der Welt der Toten

Aber der Inhalt dieses Sehens und Wissens ist viel zu kalt und entfernt, um Trost zu sein. Wenn „alles, was atmet/In Luft und Wasser" vergangen ist, also auch der Mensch, dann wird es noch den „eisigen Schatten der Erde" geben, der über den Mond gleitet. Hierin liegt nicht die erwartete Sinndeutung, die die Vorstellung der Ewigkeit vielleicht in früheren Jahrhunderten noch geliefert hätte. Zurück bleibt ein Schauder, der uns den Blick wieder auf unsere eigene Welt der sichtbaren Dinge lenken lässt.

Sinnfindung wird verweigert

Die beiden letzten Strophen stehen dementsprechend wieder in der Vergangenheit. Das Ich findet sich erneut in der Natur. Nachdem es in der konkreten Welt des Dorfes und in der transzendenten Welt der Toten nichts gefunden hat, kommt es nun zurück zu seinem Ausgangspunkt, der Seenlandschaft. Diesmal werden sogar zwei Fragen gestellt: „Wer schrieb die warnende Schrift?" und: „War es das Zeichen?" Parallel zur „Wildentenkette" in der ersten Strophe steht hier „die warnende Schrift,/Kaum zu entziffern [...] am Pfahl,/Dicht hinter dem See." Während der Vogelzug nur im übertragenen Sinne als Schrift zu deuten ist, scheint hier, am Ende des Gedichts, eine Konkretisierung eingetreten zu sein. Das Ich deutet eine Erscheinung, die nicht näher benannt wird, als „warnende Schrift".

Rückkehr zur Seenlandschaft

Aber die Suche nach dem Zeichen bleibt vergeblich, auch jetzt wird die Frage „War es das Zeichen?" nicht definitiv beantwortet. Dem Suchenden wird das Zeichen verweigert, und von einer Entschlüsselung, einer Deutung kann erst recht keine Rede sein.

Die letzte Strophe bietet nichts als ein Bild der Verweigerung und Erstarrung, möglicherweise auch der Bedrohung. Wie in der zweiten Strophe die „falben Lanzen" jede Hoffnung auf Sinnfindung auslöschten, so stellt das Schlussbild, sogar noch in gesteigertem Maße, jedem Suchen und Fragen seine Kälte, Blindheit und Undurchdringlichkeit („Dickicht") entgegen. Die Worte „erstarrt", „Schweigen" und „Schnee" erinnern uns wieder an das sich uns völlig entziehende Reich der Toten, und selbst die Laute dieser letzten Zeilen erscheinen abweisend: „Ersta**rrt**/Im **Sch**weigen des **Schnees**,/**Schlief** blind/Das Kreu**z**o**tt**erndi**ckicht**." Hier schafft jedes einzelne Wort eine Mauer von Ablehnung und Feindschaft zwischen dem Suchenden und der Natur, die ihn umgibt.

Vergleich mit Günter Eichs Gedicht

Im Vergleich dazu betrachten wir folgendes Gedicht:

Günter Eich

Der große Lübbe-See

Kraniche; Vögelzüge,
deren ich mich entsinne,
das Gerüst des trigonometrischen Punkts.

Hier fiel es mich an,
vor der dunklen Wand des hügeligen Gegenufers,
der Beginn der Einsamkeit,
ein Lidschlag, ein Auge,
das man ein zweites Mal nicht ertrüge,
das Taubenauge mit sanftem Vorwurf,
als das Messer die Halsader durchschnitt,
der Beginn der Einsamkeit,
hier ohne Boote und Brücken,
das Schilf der Verzweiflung,
der trigonometrische Punkt,
Abmessung im Nichts,
während die Vogelzüge sich entfalten,
Septembertag ohne Wind,
güldene Heiterkeit, die davonfliegt,
auf Kranichflügeln, spurlos.

Das Gedicht bewegt sich schrittweise auf seine Mitte, auf das Bild des Taubenauges in Z. 9 zu. Es wird in Z. 1–3 vorbereitet durch angedeutete Züge einer Landschaft, die in der Erinnerung des Ich existiert („deren ich mich entsinne"). See, Kraniche und Vogelzüge bilden das „Gerüst des trigonometrischen Punkts", eine Art Orientierung in der Wirklichkeit für das Ich also, von der aus es zu einer tiefen inneren Erfahrung gelangt. Diese Erfahrung ist überwältigend und bedrohlich („Hier fiel es mich an"), denn es ist „der Beginn der Einsamkeit".

Innere Erfahrung des Ich

Der Zusammenhang zwischen dem Bild des Taubenauges und der erinnerten Landschaft ist in dem Vogelmotiv zu sehen. Doch während die „Kraniche" und „Vogelzüge" sich in weiter Entfernung vom Ich befinden, wirkt das Taubenauge in seiner Direktheit und Nähe fast schockierend, weil es auf einfache und dennoch sehr intensive Weise ein Gefühl zur Anschauung bringt, das irgendwann vom Ich empfunden wurde und nun im Leser hervorgerufen wird. Die Verbindung von Sanftheit

(Taube) und Grausamkeit („als das Messer die Halsader durchschnitt“) macht eindringlich das Gefühl der Trauer, der Verzweiflung deutlich und nachvollziehbar, das den Dichter befällt. Und dieses Gefühl lässt ihn nicht mehr los, wie sich an der Metapher „Schilf der Verzweiflung“ zeigt und vor allem in der Wiederholung der Zeile „der Beginn der Einsamkeit“.

Vergleich der Motive bei Huchel und Eich

Vergleicht man Günter Eichs Gedicht mit dem Huchels, so fällt zunächst eine Reihe motivischer Gemeinsamkeiten auf: Seenlandschaft, Hügel, Vogelzug, als Chiffre verstanden, Herbst – wobei in Huchels Gedicht am Ende der Winter eintritt, vielleicht, um die Endgültigkeit der Aussage noch eindringlicher zu machen. Auch das den See umgebende Schilf kommt in beiden Gedichten vor – bei Eich als das „Schilf der Verzweiflung“, als absolute Metapher also, die das Naturbild mit der menschlichen Grundstimmung der Zeit nach 1945 verbindet, bei Huchel nur im Bild der Lanzen angedeutet – beide Male aber mit eindeutig negativer Konnotation, da mit der Erfahrung des Alleinseins und der Beziehungslosigkeit verbunden.

Vergleich der Form

Auch in der Form lassen sich Gemeinsamkeiten feststellen: Jedem der beiden Gedichte wohnt eine gewisse Symmetrie inne. An dieser Stelle des Vergleichs stoßen wir jedoch bereits auf einen wesentlichen Unterschied, der uns den Schlüssel zum Verständnis beider Gedichte liefert. Während bei Günter Eich im Zentrum des Gedichts „das Taubenauge mit sanftem Vorwurf“ steht, als objektives Korrelat für eine tiefgehende Erfahrung im Angesicht des Todes, finden wir bei Huchel nichts dergleichen.

Vergleich der Grundaussagen beider Gedichte

Zwar gruppieren sich hier, wie bei Eich, ebenfalls die Rahmenstrophen mit dem Thema der Seenlandschaft um eine Mitte. Doch ist dies nicht eine Mitte der – allerdings mit „Einsamkeit“ und „Verzweiflung“ verbundenen – Sinnfindung wie bei Eich, sondern eine der Verneinung: „Nichts war zu deuten.“ Man kann diesen Satz auch nicht in eine direkte Parallele zu Eich setzen, denn er ist eingebettet in die dritte Strophe und besitzt lange nicht so viel Eigenständigkeit wie Eichs Bild des Taubenauges. Wo also bei Eich noch eine Erfahrung formuliert wird – trotz „Einsamkeit“ und „Abmessung im Nichts“ noch ein kurzer Moment von Welterfahrung, Welterkenntnis und Schmerz darüber (vgl. dazu auch Günter

Eichs Äußerung: „Ich schreibe Gedichte, um mich in der Wirklichkeit zu orientieren. Ich betrachte sie als trigonometrische Punkte oder Bojen, die in einer unbekannten Fläche den Kurs markieren"), bleibt bei Huchel eine Leerstelle. Wo Eich wenigstens versucht, mit Hilfe des Bilds vom Taubenauge sich „in der Wirklichkeit zu orientieren", verweigert die Natur bei Huchel dem fragenden und suchenden Ich jeden Zugang. Wo bei Eich noch ein Auge zu finden ist, wenn auch im Angesicht des Todes („als das Messer die Halsader durchschnitt"), herrscht bei Huchel nur Blindheit. Der Sinn der Vogelschrift wird nicht nur zurückgehalten, sondern am Schluss wird sogar noch eine Warnung ausgesprochen: Die Schrift am Pfahl hindert das Ich am Weitergehen, dem Kreuzotterndickicht wird es sich nicht mehr nähern. Bei Eich jedoch hat das Ich eine, allerdings schmerzliche, Erfahrung gemacht („fiel es mich an"). Die Vision von dem Auge, das man „ein zweites Mal nicht ertrüge", wird gleichgesetzt mit dem „Beginn der Einsamkeit", der so einen erleb- und erinnerbaren Ausgangspunkt besitzt, auch wenn zum Schluss des Gedichts wieder Leere herrscht und die von Nietzsche übernommene „güldene Heiterkeit" „spurlos davonfliegt". Die Natur hilft also bei Eich dem Ich noch, wenigstens für einen Moment zu einer – allerdings negativen – Erkenntnis zu kommen, nämlich zu der von Einsamkeit und Trauer, während sich bei Huchel Mensch und Natur so fremd geworden sind, dass die Natur als Hintergrund für eine Erfahrungswirklichkeit nicht mehr denkbar erscheint.

Kommen wir zur Eingangsfrage zurück: Welchen Wert können wir dem „Zeichen" bei Huchel beimessen? Gerade der Vergleich mit Eich zeigt, wie endgültig die Verneinung einer Deutungsmöglichkeit bei Huchel geworden ist. Während Goethe das „Zeichen" in der Natur noch als Symbol begreifen konnte, welches „im Besonderen das Allgemeine zeigt" und so die „lebendig-augenblickliche Erfahrung des Unerforschlichen" vor dem staunenden Menschen auftut, während die Romantiker all ihre künstlerische Kraft darauf verwandten, das „Lied" zu wecken, das „in allen Dingen schläft", und das „Zauberwort" zu treffen, das der Sehnsucht nach dem Unendlichen Raum gewährt, ist bei Huchel der Glaube an eine mögliche Verbindung zwischen Mensch und Natur vollständig gewichen. Das heißt jedoch nicht, dass auch die Sehnsucht verschwunden wäre – gerade sie ist es ja, die den Dichter dazu veranlasst, trotzdem noch zu sprechen. Und bei Günter Eich finden wir trotz allen Wissens um das „Nichts", in das er seine „trigonometrischen Punkte" legt, immer noch eine Augenblickserfahrung, die wenigstens die Illusion einer punktuellen Erfahrung der Einheit zwischen Ich und Welt (in der Vision des Auges) gewährt.

Das „Zeichen" als Verbindung zwischen Mensch und Welt verweigert sich dem Ich

Johannes Bobrowski: „Hölderlin in Tübingen"

Johannes Bobrowski ist, wie Huchel, DDR-Lyriker, im Gegensatz zu diesem durfte er aber seinen künstlerischen Weg ungehindert gehen. Dass er allerdings nicht in Brechts Tradition steht, sondern – wie Benn – an die beschwörende Wirkung des Wortes glaubt, wird in seinem Gedicht „Hölderlin in Tübingen" deutlich.
Dabei handelt es sich nicht um ein Naturgedicht im eigentlichen Sinne, doch enthält es Naturmotive, an denen Bobrowskis Vorgehen veranschaulicht werden kann, und es weist außerdem noch einmal darauf hin, dass viele Gedichte nach 1945 sich mit poetologischen Fragestellungen befassen, hier mit der Problematik der dichterischen Existenz. Dies geschieht am Beispiel Friedrich Hölderlins.

Johannes Bobrowski

Hölderlin in Tübingen

Bäume irdisch, und Licht,
darin der Kahn steht, gerufen,
die Ruderstange gegen das Ufer, die schöne
Neigung, vor dieser Tür
ging der Schatten, der ist
gefallen auf einen Fluß
Neckar, der grün war, Neckar,
hinausgegangen
um Wiesen und Uferweiden.
Turm
daß er bewohnbar
sei wie ein Tag, der Mauern

Schwere, die Schwere
gegen das Grün,
Bäume und Wasser, zu wiegen
beides in einer Hand:
es läutet die Glocke herab
über die Dächer, die Uhr
rührt sich zum Drehn
der eisernen Fahnen.

Was auf den ersten Blick wie die Beschreibung einer real erfahrbaren Naturlandschaft – konkret: der Natur um den Hölderlinturm in Tübingen – erscheint, nämlich „Bäume“, „Fluß“, „Wiesen“ und „Uferweiden“, „Grün“ und „Wasser“, löst sich bei näherem Hinsehen in eine Szene auf, die nicht mehr mit Auge und Ohr (wie bei Goethe oder Eichendorff), sondern nur noch mit einem inneren Organ wahrnehmbar ist. Das wird schon in der ersten Zeile deutlich, und zwar in dem Gegensatz zwischen „Bäume irdisch“ und „Licht“. Wenn Bobrowski seine Bäume explizit als irdisch bezeichnet, so lässt er damit anklingen, dass auch eine Sphäre des Unirdischen, des Nicht-mehr-Greifbaren, Überhöhten vorhanden ist. Zu dieser Sphäre gehört wohl auch das Licht, das den in Z. 5 auftauchenden Schatten – wahrscheinlich den des Dichters Hölderlin – erst ermöglicht. Es bildet im Gedicht die Brücke zwischen Gegenwart („der Kahn steht“) und Vergangenheit („ging der Schatten“), leitet von einer Sphäre in die andere.

Transzendierung der Realität im Gedicht

Wie beim Licht, so vollzieht sich auch im Bild des Kahns der Übergang zwischen Jetzt und Damals, zwischen Hier und Dort fast unmerklich. Wir denken sofort an den mythischen Kahn des Charon, der die Seelen der Verstorbenen über den Fluss Acheron setzt. Wiederum wird also einem real sichtbaren Objekt der Welt (solche Kähne stehen auch heute noch an den Ufern vor dem Hölderlinturm) eine zweite, überhöhte Dimension verliehen, die Gegenwart und Vergangenheit in sich vereint und die Beschwörung des verstorbenen Dichters ermöglicht. Wie das Licht und der Kahn, so ist auch der Fluss nicht nur in seiner konkreten Gestalt als Neckar vor dem Hölderlinturm präsent, sondern als „Inbild des transitorischen [vorübergehenden] Zustands zwischen Körperhaftigkeit und Körperlosigkeit“ (Knörrich, 1978, S. 209),

zwischen Leben und Tod, Gegenwart und Vergangenheit.
Auch in der zweiten Strophe ist wieder die gleiche gleitende Übergangstechnik von einem Bereich in den anderen zu beobachten. War es in der ersten Strophe der Übergang von der Gegenwart in die Vergangenheit, so gleitet hier die Beschreibung des Aufenthaltsortes Hölderlins (Hölderlin hat während seiner psychischen Erkrankung lange Jahre seines Lebens in diesem Turm verbracht) unmerklich fast hin zur Problematik dichterischen Schaffens, dichterischer Existenz. Das wird deutlich in den Zeilen „Bäume und Wasser, zu wiegen/beides in einer Hand“. Nur dem Dichter ist, in der dichterischen Wirklichkeit, solches möglich. Ergänzt und vertieft wird dieses Thema dichterischen Schaffens durch die Anspielung auf das vielleicht berühmteste Hölderlin-Gedicht „Hälfte des Lebens“:

Problematik dichterischer Existenz

> [...]
> Die Mauern stehn
> Sprachlos und kalt, im Winde
> Klirren die Fahnen.

Dabei assoziiert der Leser natürlich auch den ersten Teil der Strophe:

> Weh mir, wo nehm' ich, wenn
> Es Winter ist, die Blumen, und wo
> Den Sonnenschein,
> Und Schatten der Erde?

Zusammenfassung

„Naturlyrik“ ist ein recht schwammiger Begriff, da Natur auch in der als poetologisch und hermetisch bezeichneten Dichtung oft eine große Rolle spielt. In **Johannes Bobrowskis** Gedicht „Hölderlin in Tübingen“ z. B. vermischen sich hermetische und poetologische (auf den Dichter Hölderlin wird Bezug genommen!) Elemente, die Naturbilder stehen jedoch im Vordergrund.
In der Nachkriegslyrik ist schon bei **Gottfried Benn** eine Tendenz zur Verschlüsselung der Naturbilder zu erkennen, die sich aus einer Distanz zwischen Ich und Natur ergibt. Das sprechende Ich ist nicht mehr, wie bei **Goethe**, in ausgewogener Beobachtung des (Natur-)Objekts zu sehen, sondern die bereits in der Romantik wurzelnde Tendenz der verinnerlichten Wahrnehmung, die in der Natur nicht mehr Geborgenheit, sondern auch Bedrohung und Entfremdung erfahren kann, setzt sich bei **Peter Huchel** und **Günter Eich** fort.

Hermetische Lyrik

Einleitung

Gemeinsamkeiten hermetischer Lyrik

Im vorliegenden Kapitel werden zwei Gedichte behandelt, die in besonderer Weise für die Lyrik nach 1945 typisch sind. Sie stehen beide in der Tradition Benns, wie sie im einleitenden Kapitel beschrieben wurde, indem sie aus „faszinierend montierten" Worten bestehen, von denen jedes eine eigene kleine Welt von Vorstellungen hervorruft. Durch die Technik der Montage bleiben sie aber zunächst dunkel, also hermetisch nach außen abgeschlossen, weil der Dichter als subjektiver Schöpfer sich das Recht herausnimmt, Begriffe aneinander zu reihen, die seinem Innersten entstammen und in der Wirklichkeit keine objektive Entsprechung mehr zu haben scheinen. Beide Gedichte sind kurz und fordern den Interpreten auf, in ihre Tiefe vorzudringen, die jeweils etwas Unsagbares, aber doch Erahnbares enthält. Beide leben vom Substantiv (Benn: „Worte, Worte, Substantive – Jahrtausende entfallen ihrem Flug") und verlangen vom Leser, wenn er Licht in ihr Dunkel bringen will, mit dem sie sich vor der Oberflächlichkeit der Sprache schützen wollen, dass er die Anstrengung aufbringt, die Konnotationen dieser Substantive sowie ihre Verbindung zueinander zu erfassen. Ingeborg Bachmann, Paul Celan und Nelly Sachs als die drei wohl wichtigsten Vertreter der dunklen, verschlüsselten Lyrik kommen hier zu Wort.

Ingeborg Bachmann: „Gewitter der Rosen"

Ein Gedicht von Ingeborg Bachmann dient als erstes Beispiel für „Hermetische Lyrik". Hermetisch ist dieses Gedicht, weil es sich dem unmittelbaren Zugang beim ersten Hinsehen verschließt. Bei intensiver Beschäftigung stellt sich aber heraus, dass die dunklen Bilder des Gedichts zugänglich sind, weil nur zwei ineinander verschlungene Bildkomplexe vorherrschen, weil Verben uns einen Rahmen liefern, innerhalb dessen eine Sinnzuordnung möglich wird und weil die Bilder aus nachvollziehbaren Bereichen stammen.

Ingeborg Bachmann

Gewitter der Rosen

Wohin wir uns wenden im Gewitter der Rosen,
ist die Nacht von Dornen erhellt, und der Donner
des Laubs, das so leise war in den Büschen,
folgt uns jetzt auf dem Fuß.

Metrische Struktur

Zunächst fällt ein festes metrisches Gefüge auf: Das Gedicht besteht aus vier Zeilen, von denen drei jeweils vier zum großen Teil jambische Hebungen und weibliche Endungen enthalten, während die letzte trochäisch ist, drei Hebungen und eine männliche Endung aufweist. Die letzte Zeile setzt sich also von den restlichen drei rein klanglich ab, auch dadurch, dass sie nur einsilbige Wörter enthält und deshalb spröder oder schwerer wirkt als die vorhergehenden. Auch enthält diese letzte Zeile keine Metaphern mehr, während die ersten drei Zeilen von solchen Bildern geprägt sind. Die Hauptaufgabe des Interpreten besteht in der Auflösung der Metaphern und in der Entdeckung ihrer Beziehung untereinander und zu dem, was in den Verben über das „Wir", den/die Sprecher des Gedichts, gesagt wird.
Vorbereitend sei an die Funktion und Beschaffenheit der absoluten Metapher erinnert, denn solche haben wir in

„Gewitter der Rosen"
„Donner des Laubs"
„Nacht, von Dornen erhellt"

vor uns.

„In der Metapher sind zwei sprachliche Sinnbezirke miteinander verbunden wie in dem Wort Stuhlbein der Sinnbezirk ‚Möbel' und der Sinnbezirk ‚Körperteile' […]. Jede Metapher enthält ja einen unauflösbaren Widerspruch zwischen den beiden Sinnbezirken, die in ihr zusammentreffen […]. Wenn der Leser dennoch das Bild nachvollziehen soll, so muß er sich über die unverträglichen Bedeutungsmerkmale hinwegsetzen können und den Widerspruch im Verstehensvorgang auflösen." (Eberhard Hermes, *Abiturwissen Lyrik*, Stuttgart: Klett, 1986, S. 89)

Absolute Metaphern

Absolut sind dic Mctaphern der modernen Lyrik, weil sie losgelöst sind von jedem erkennbaren Realitätsbezug.

Dadurch entsteht eine Verrätselung, der der Leser mit dem aktiven Willen begegnen muss, Zusammenhänge zu erkennen und Verbindungen herzustellen.

Deutung der absoluten Metaphern

Die beiden Genitivmetaphern „Gewitter der Rosen“ und „Donner des Laubs“ weisen eine wichtige Gemeinsamkeit auf. Die Elemente, aus denen sie zusammengesetzt sind, entstammen alle vier der Natur, wobei Gewitter und Donner in einem Abhängigkeitsverhältnis voneinander stehen – im Donner offenbart sich das Gewitter – und Rosen und Laub ebenfalls eine Beziehung zueinander haben. Was den Leser allerdings verblüfft, sind die einzelnen Bilder selbst: „Gewitter der Rosen“ entstammt nicht der äußeren Realität, ebenso wenig „Donner des Laubs“, denn das Geräusch, das vom Laub ausgehen kann, ist höchstens ein Rascheln.

Verbindung der Metaphern untereinander

Ebenso verhält es sich mit der „von Dornen erhellten Nacht“, die wiederum in enger Beziehung zu den beiden vorher genannten Metaphern steht. Dabei ist das Bild der von Dornen erhellten Nacht das interessanteste, denn es weckt im Leser die Vorstellung von Blitzen, die sich dem Gewitter und dem Donner zuordnen und gleichzeitig eine enge Beziehung zu den Dornen haben, denn mit beiden Begriffen assoziiert man einen kurzen, stechenden Schmerz. Dieses Bild ist so kunstvoll zwischen den beiden anderen eingebettet, dass es von ihnen die unausgesprochene Dimension der Blitze dazuerhält. Auch die lautliche Verwandtschaft von Donner und Dornen verbindet die Metaphern untereinander.

Funktion von Anfang und Schluss des Gedichts

Nachdem wir diese Beziehungen erkannt haben, gilt es, einen möglichen zusammenfassenden Sinn dahinter zu suchen. Dabei helfen uns Anfang und Schluss des kurzen Gedichts: „Wohin wir uns wenden“ spielt auf eine Situation der Unausweichlichkeit an. Das lyrische Subjekt „wir“ versucht vor etwas zu fliehen, und dies gelingt ihm nicht, denn – so der Schluss – der Donner „folgt uns jetzt auf dem Fuß“. Das lyrische Subjekt wird verfolgt von einer Macht, gegen die es sich nicht wehren kann. Die kurzen, einsilbigen Worte der letzten Zeile machen die Unmöglichkeit des Entrinnens noch deutlicher.

Gesamtdeutung des Gedichts

Wovor fliehen „wir“? Vor dem „Gewitter der Rosen“, der „von Dornen erhellten Nacht“, vor dem „Donner des Laubs“ – vor Eindrücken also, in denen Schrecken, Schönheit und Schmerz auf kleinstem Raum vereint

sind. Die Rose ist eines der ältesten Sinnbilder für Schönheit und Liebe. In der absoluten Metapher „Gewitter der Rosen“ sind also der Schrecken, der Lärm, die Intensität und Gewalt des Gewitters mit der Vorstellung von Liebe und Schönheit zusammengezwungen. Die anderen Bilder folgen diesem Thema, das ja auch schon in der Überschrift angesprochen ist. Die Nacht wird „erhellt“, aber wiederum sind Positives und Negatives ganz eng beieinander, denn die Helligkeit schmerzt, weil sie von den Dornen kommt, die dadurch die Qualität kurzer stechender Blitze annehmen. Das Laub, in der Vergangenheit „leise“, wie es unseren gewohnten Vorstellungen entspricht, erschreckt nun durch das laute Geräusch des Donners. Dadurch wird noch eine zeitliche Dimension eingeschaltet: In der Vergangenheit war es anders, die Erfahrung kommt plötzlich über den Menschen, überrascht ihn, verfolgt ihn.
Nun bleibt nur noch die Frage zu klären, welche Erfahrung gemeint sein könnte. Dafür liefern uns die Rosen den Schlüssel. Es könnte die Erfahrung der Schönheit oder der Liebe sein, die unvorbereitet die Menschen überfällt (was bedeutet „wir“ – du und ich, also zwei Liebende, oder eine Gruppe von Menschen, bei denen sich das Ich einschließt?) und sie verfolgt, gegen die sie machtlos sind, weil sie sich nicht abschütteln lässt.

Paul Celan: „Sprachgitter“

Wichtigster Vertreter der „hermetischen“ Lyrik deutscher Sprache ist sicherlich Paul Celan, dessen Gedichte uns noch weniger zugänglich scheinen als z. B. die von Ingeborg Bachmann, weil oft die Satzstrukturen völlig aufgelöst sind und Verben fehlen, die uns mit der Vorstellung einer wenn auch nur angedeuteten Handlung beim Erfassen eines Sinns helfen könnten. Doch die im Zusammenhang mit Ingeborg Bachmanns Gedicht angewendete Technik der Auflösung von Metaphern und des Versuchs, sie untereinander in Beziehung zu setzen, wird auch beim Verständnis von Celans Gedichten hilfreich sein.
Paul Celan wurde 1920 in Czernowitz, einer rumänischen Provinzstadt, als Sohn jüdischer Eltern geboren. Von 110 000 Bewohnern waren 50 000 deutschsprachige

jüdische Einwanderer. Das erklärt, warum Celan oder die ebenfalls aus Czernowitz stammende Rose Ausländer (beide waren miteinander befreundet und tauschten sich über ihre Arbeit aus) Lyrik in deutscher Sprache schrieben. Doch Deutsch war auch die Sprache der Peiniger, denn die Juden aus Czernowitz wurden von der SS in Arbeitslager deportiert und starben dort zum großen Teil qualvoll. Celan erfuhr 1942 aus einem Brief seiner von den Nazis vertriebenen Mutter, dass sein Vater im Lager ums Leben gekommen war. 1943 teilte ihm ein geflüchteter Verwandter mit, dass seine Mutter durch einen Genickschuss getötet worden sei. Nach dem Tod der Eltern, der Celan hilflos und traumatisiert zurückließ, identifizierte er sich in seiner Dichtung zunehmend mit dem jahrtausendealten Leidensweg des jüdischen Volkes. Er wanderte 1947 nach Paris aus, um der Sowjetisierung Rumäniens zu entgehen, und beging dort 1970 Selbstmord in der Seine, nachdem seine Gedichte immer mehr vom Verstummen geprägt waren. Die Schönheit und Tiefe seiner Lyrik ist einzigartig, doch seine chiffrierte poetische Sprache, die aus dem Unsagbaren entstand, das er durch den Rassenwahn erfahren musste, ist wie ein zunächst fremdes Reich, in das vorzudringen sich allerdings lohnt.

Celans Biographie, geprägt vom Holocaust

Er selbst sagt zu diesem Thema in zwei Reden zur Verleihung des Bremer Literaturpreises und des Büchnerpreises:

> „Sie, die Sprache, blieb unverloren, ja, trotz allem. Aber sie musste nun hindurchgehen durch ihre eigenen Antwortlostigkeiten, hindurchgehen durch furchtbares Verstummen, hindurchgehen durch die tausend Finsternisse todbringender Rede. Sie ging hindurch und gab keine Worte her für das, was geschah; aber sie ging durch dieses Geschehen. Ging hindurch und durfte wieder zutage treten, ‚angereichert' von all dem. In dieser Sprache habe ich, in jenen Jahren und in den Jahren nachher, Gedichte zu schreiben versucht: um zu sprechen, um mich zu orientieren, um zu erkunden, wo ich mich befand und wohin es mit mir wollte, um mir Wirklichkeit zu entwerfen."
> (Zit. nach: Materialien, 2005, S. 106)

Funktion der Sprache für den Dichter

„Gewiß, das Gedicht – das Gedicht heute – zeigt, und das hat, glaube ich, denn doch unmittelbar mit den – nicht zu unterschätzenden – Schwierigkeiten der Wortwahl, dem rapiden Gefälle der Syntax oder dem wacheren Sinn für die Ellipse zu tun – , das Gedicht zeigt, das ist unverkennbar, eine starke Neigung zum Verstummen. Es behauptet sich – erlauben Sie mir, nach so vielen extremen Formulierungen, nun auch diese –, das Gedicht behauptet sich am Rande seiner selbst; es ruft und holt sich, um bestehen zu können, unausgesetzt aus seinem Schon-nicht-mehr in sein Immer-noch zurück." (Zit. nach: Alfred Kelletat, „Accessus zu Celans ‚Sprachgitter'", in: Dietlind Meinecke, Hrsg., *Über Paul Celan*, Frankfurt a. M.: Suhrkamp, 1973, S. 136)

Paul Celan

Sprachgitter

Augenrund zwischen den Stäben.

Flimmertier Lid
rudert nach oben,
gibt einen Blick frei.

Iris, Schwimmerin, traumlos und trüb:
der Himmel, herzgrau, muß nah sein.

Schräg, in der eisernen Tülle,
der blakende Span.
Am Lichtsinn
errätst du die Seele.

(Wär ich wie du. Wärst du wie ich.
Standen wir nicht
unter *einem* Passat?
Wir sind Fremde.)

Die Fliesen. Darauf,
dicht beieinander, die beiden
herzgrauen Lachen:
zwei
Mundvoll Schweigen.

Zugang zu der Metapher „Sprachgitter"

Der Titel des Gedichts, „Sprachgitter", auf den im weiteren Text nicht mehr direkt Bezug genommen wird, kann uns helfen, einen Zugang zu dem rätselhaften Inhalt zu finden, der in sechs ein- bis sechszeiligen reimlosen, aber sehr klangvollen Strophen in freien Rhythmen mit zwei bis vier Hebungen verborgen ist. Hier finden wir keine Handlung, keine Spruchweisheit. Selbst bei der komplizierten Andeutungstechnik Enzensbergers war es noch möglich, einen roten Faden zu finden; dies ist hier nicht mehr der Fall. Trotzdem kann man dem Gedicht auf die Spur kommen, wenn man sich von der Vorstellung löst, man solle einen in der äußeren Wirklichkeit verankerten Handlungs- oder Gedankenzusammenhang beschreiben. Der Versuch, diese Art vertrauter Logik durch eine Logik der Assoziation zu ersetzen, die Verbindungen zwischen zunächst scheinbar sinnlos aneinander gereihten Bildern herstellt, ist dagegen viel erfolgreicher. Wenden wir diese Technik bereits auf den Titel „Sprachgitter“ an, so wären folgende Überlegungen denkbar:

„Sprach-Gitter“ ist ein Kompositum, das aus einem konkreten, visualisierbaren (Gitter) und einem abstrakten (Sprache) Teilwort besteht. Ausgehend von einer konkreten bildlichen Vorstellung könnte sich ein Sprachgitter in einem Kloster befinden, in einem Beichtstuhl oder auch in einem Gefängnis. Seine Funktion wäre dann bereits mehrdeutig. Einerseits trennt es die beiden kommunizierenden Personen, andererseits ermöglicht es aber auch die Sprache von innen nach außen und von außen nach innen. Die Person **hinter** dem Gitter ist aufgrund einer besonderen Situation oder Entscheidung nicht mehr ein normales Mitglied der Außenwelt, teilt sich dieser aber mit und hört zu. Der Gedanke, dass ein vom Holocaust geprägter Lyriker die Welt aus einer stark veränderten Perspektive sieht, als befände er sich hinter solch einem Gitter, zieht sich durch viele poetologischen Gedichte von Celan, Hilde Domin und Rose Ausländer und durch ihre theoretischen Reflexionen.

„Sprachgitter“ könnte aber auch so verstanden werden, dass die Sprache selbst ein Gitter ist, ein fest umrissenes Raster mit freien Räumen dazwischen, das uns den Zugang zur Welt ermöglicht. Ein Gitter enthält Überkreuzungen, Zusammenfügungen, Verschränkungen, Verflechtungen, vielleicht Figuren und Ornamente. Das Kompositum „Sprachgitter“ kann also als Metapher betrachtet werden. Das Wesen der Metapher ist es, Vorstellungsbereiche zu vermischen und Konkretes und Abstraktes in Beziehung zueinander zu setzen, zu „über-

kreuzen", sodass der Leser das Wort als Ganzes zunächst visuell, also konkret, versteht – wir sehen das Bild des Gitters vor unserem inneren Auge –, während das Gesamtverständnis des Wortes eigentlich auf eine abstrakte Vorstellung hinausläuft.
Wenn wir den Titel als Programm für das ganze Gedicht und sogar für den gesamten Gedichtband verstehen, der nach ihm benannt ist, so haben wir nach diesen Vorüberlegungen folgende Erwartungen an den Inhalt: Er könnte thematisieren, wie Kommunikation stattfindet, die ausgeht von der Trennung und Vereinzelung der (beiden) Gesprächspartner, innerhalb derer eine alltägliche Sprache nicht mehr möglich ist. Gerade diese Vereinzelung löst aber eine Sehnsucht nach Verbindung aus, welche jedoch nur durch das Raster der Verrätselung stattfinden kann, weil tiefe seelische Verletzungen den normalen Sprachfluss zum Verstummen gebracht haben.

Bereits in der ersten Zeile, die, durch eine Leerzeile von den folgenden fünf Strophen abgesetzt, eine eigene Einheit bildet, bestätigt sich diese Vermutung. Auf den konkreten Teil der Titelmetapher, das Gitter, wird verwiesen durch die Lokalisierung „zwischen den Stäben". Ein Gitter besteht aus Stäben, die ein rechteckiges Muster bilden, im Kontrast dazu steht die runde Form eines Auges, das am oder hinter dem Gitter als Teil von etwas Lebendigem erscheint. Da die erste Zeile kein Verb besitzt, tritt das Bild unmittelbar in die Vorstellung des Lesers ein, ohne dass etwas wirklich geschieht.
Erst in der zweiten, dreizeiligen Strophe finden wir Verben. Der Bezug zur Eingangszeile ist deutlich: Ein Auge hat ein Lid, das durch die Wimpern die Assoziation an ein Geiseltierchen wecken könnte. Das Auge müsste eigentlich zu einem Menschen gehören, der aber nicht erwähnt wird. Für ihn steht nur – pars pro toto, als Teil für das Ganze – als ein wichtiges Kommunikationsinstrument das Auge (Augensprache), das bei Celan oft als Symbol einer Liebesbeziehung gelesen werden kann.

Auge als „Kommunikationsorgan"

Zu der Vorstellung vom Lid als einem Geiseltierchen passt das Verb „rudert". Hier kommt durch die Bewegung eine weitere Belebung ins Gedicht. Der Blick, der durch das Öffnen des Lids freigegeben wird, gehört zu einem Menschen. Da der Sprecher des Gedichts sich selbst und ein Du in der vierten Strophe zwar nennt, jedoch seine Position zu dem in Strophe eins und zwei Geschilderten nicht verdeutlicht, kann man nur annehmen, dass er den oben genannten Menschen vor seinem inneren Auge sieht und ihn durch die Sprache bruchstückhaft heraufbeschwört.

Die zweizeilige Strophe drei hat wiederum einen engen Bezug zur vorigen. Die Iris schwimmt auf dem Augapfel. Der Bildbereich des Wassers („rudert") wird erweitert, später noch durch die „Lache" (Wasserlache) auf den Fliesen vertieft. Im Zusammenhang mit dem Auge stellt sich der Gedanke an Tränen ein, im weiteren Sinne ist Wasser oft auch als Verweis auf das Unbewusste sowie auf den Ursprung allen Lebens zu verstehen. Die Iris wird liebevoll direkt angesprochen, die Häufung der i-Laute klingt poetisch und magisch beschwörend. Es wird also nicht etwas über die Iris ausgesagt, sondern durch die Vorstellung entsteht große Nähe, die sich vielleicht auf den geliebten Menschen beziehen lässt. Mit den alliterierenden Attributen „traumlos und trüb" werden neue Vorstellungsbereiche eröffnet, die mit dem Auge zusammenhängen: Träume, die aus dem Unbewussten kommen, bestehen aus Bildern.

Bildbereich Wasser

Traumlosigkeit wäre also die Abwesenheit von Bildern, „trüb" hat einen negativen Beiklang und verweist auf Trauer (trübes Wasser, trübe Stimmung), es beschreibt aber zunächst auf konkreter Ebene einen farblichen Zustand. Eine Farbe wird auch in der nächsten Zeile genannt, „herzgrau", allerdings wieder in metaphorischem Zusammenhang, denn das Kompositum ist eine Wortneubildung, die überrascht, weil das Herz normalerweise mit Rot assoziiert wird. Nach dem Auge ist das Herz ein weiterer Begriff, der auf eine Liebesbeziehung hindeuten könnte. Aus der Trübe der Iris schließt der beobachtende Sprecher nach einem Semikolon, dass der ebenfalls trübe (graue) Himmel nah sein müsse; es wäre vorstellbar, dass eine Spiegelung des Himmels im Auge des später angesprochenen Du diese Annahme auslöst. Doch kann der Sprecher die emotional positiv besetzte Nähe des Himmels nur vermuten. Er ist also nicht direkt mit diesem Wissen verbunden, sondern kann die schöne

Funktion der Farben

Vorstellung des nahen Himmels nur durch das „Gitter" seiner zurückgezogenen inneren Wahrnehmung formulieren.

In Strophe vier wird ein neuer Bildbereich eingeführt, der wiederum mit mehreren bereits angesprochenen Bildern eine nahe Verbindung eingeht. „Schräg" fügt sich in die Vorstellung der quadratischen Gitterstäbe ein, jedoch als gegenläufig: Die Gitterstäbe stellt man sich als gerade vor. Es kommt also ein neuer Aspekt hinzu, der nicht nur geometrisch eine Entwicklung verheißt. Der „blakende Span", eine unregelmäßig brennende, rauchige Fackel, in der „eisernen Tülle", einer Art Kerzenhalter, fügt dem Bereich des Wassers und des Lebendigen, Tierisch-Menschlichen den des Lichts hinzu. Das flackernde Feuer der Fackel im metallenen Halter ist ein genauso konkretes Detail wie die Stäbe oder das biologisch genau benannte Auge. Ebenso, wie all diese Bilder auf eine tiefere, metaphysische Schicht verweisen, ist das Licht mit alten philosophischen Vorstellungen verbunden (z.B. in Platons Höhlengleichnis, wo das Licht des Feuers in der Höhle nur zu einer Wahrnehmung der Abbilder der „Ideen" führen kann, die Sonne außerhalb der Höhle aber die eigentliche Wahrheit der Erkenntnis bedeutet).

Bildbereich des Lichts

Der Sprecher begibt sich an dieser Stelle, mitten im Gedicht, nun auch auf eine höhere, erklärende Ebene. Das angesprochene Du könnte ein (geliebtes) Gegenüber oder ein innerer Dialogpartner des lyrischen Ich sein. Die Seele als ein imaginäres Organ im Menschen, das zur Transzendenz fähig ist, und als der Ort, der Liebe erst möglich macht („Seelenfreundschaft", „Seelenverwandtschaft") kann (zwar nicht wissenschaftlich, aber intuitiv, durch Erraten) wahrgenommen werden „am Lichtsinn". Das Auge als Sitz dieses Wahrnehmungssinnes für das Licht wäre also das Tor zur Seele und zu einer höheren metaphysischen Sphäre. Dass das Licht nicht mehr wie bei Platon, Plotin oder noch bei Goethe als strahlende Sonne thematisiert wird, sondern nur noch als unregelmäßig brennender Span, könnte auf die Situation nach der „Dunkelheit" des Holocaust zurückzuführen sein.

Beziehung Ich – Du

Die fünfte, in Klammern stehende Strophe erscheint im Vergleich zu den anderen einfach. Sie entfernt sich scheinbar ganz aus dem Bildbereich der vorigen Strophen, erhärtet aber durch einen Verweis auf eine Beziehung zwischen dem Ich und dem Du die Vermutung, im Zentrum der Kommunikation könne eine Liebesbeziehung stehen. Zwei parallel gebaute Sätze, in denen die Pronomina vertauscht sind und die im Konjunktiv den unerfüllbaren Wunsch ausdrücken, jeder Partner könne so sein wie der andere, verneinen die Möglichkeit der Gemeinsamkeit. Die rhetorische Frage, die sich anschließt, klingt wie die wehmütige Erinnerung daran, dass es einen Moment gab, in dem beide Partner die Möglichkeit hatten, zusammen glücklich zu werden, denn der Passat, der beide vereinte, ist der Glückswind. Dass sich seit jener Zeit, vom Präteritum („standen wir nicht“) zum Präsens („Wir sind“) unwiderruflich eine Entfremdung eingestellt haben muss, beweist der letzte Satz der Strophe.

Verbindung der Bildbereiche

Die letzte Strophe kehrt in den Bildbereich zurück. Ein weiteres Detail ergänzt die Vorstellung von einem konkreten Ort. (Gitter-)Stäbe, die Fackel, der Boden – auch Fliesen können quadratisch verlegt sein, so spiegeln sie das Muster der Gitterstäbe – schaffen die Ankerpunkte für die Stationen einer inneren Reise vom Ich zum Du. Dicht beieinander sind nicht die beiden Personen, die im Gedicht indirekt auftauchen, das Ich und das Du, sondern „die beiden/herzgrauen Lachen“, zwei Ansammlungen von Wasser auf dem Boden, die durch die Farbmetapher „herzgrau“ aus ihrer Banalität entfernt und in die vorab entwickelte Kommunikations- und Beziehungssphäre hineingenommen werden. Die Wiederholung des Adjektivs „herzgrau“ verweist direkt auf Strophe drei. Es wäre also vorstellbar, dass sich die Spiegelung des Himmels, die zuvor in der Iris des beschriebenen Auges wahrnehmbar war, nun im Wasser auf den Fliesen wiederholt. Dadurch verbinden sich die Bereiche des Sehens, des Wassers und der angedeuteten Beziehung zu einem großen Ganzen. Doch noch ist die Entwicklung nicht zu Ende, denn der Doppelpunkt bereitet das letzte Bild vor, das die am Titel entwickelten Gedanken zum Thema Kommunikation zur Vollendung

bringt. (Bereits in der Zeile „Wir sind Fremde“ wurde eine weitere wesentliche Aussage zu diesem Thema gemacht.)
Das Wort „zwei“ steht allein in einer Zeile und schafft durch das Enjambement – wir warten darauf, zu welchem Subjekt die Zahl zwei als Attribut beigegeben wird – eine hoffnungsvolle Spannung, die sich jedoch negativ auflöst, denn es geht um „Schweigen“, das Gegenteil von Kommunikation. Zum Kommunikationsorgan Auge tritt nun der Mund, der eigentlich sprechen müsste. Doch in der Metapher „zwei/Mundvoll Schweigen“ ist der primär ansprechende Vorstellungsbereich nicht der Mund selbst, sondern dessen Inhalt oder vielmehr die Abwesenheit seines Inhalts. Das Gefühl, das sich nach dieser Metapher einstellt, ist der Schmerz über die Abwesenheit von Worten oder einer anderen Art von Nahrung, die die Münder füllen könnte.

Spannung zwischen Sprache und Schweigen

Das Gedicht beginnt mit der Sprache als dem ersten Teil eines Kompositums und endet mit „Schweigen“. Eine größere Spannung innerhalb eines Gedichts, das zugleich poetologisch, biographisch und als Liebesgedicht deutbar wäre, kann man sich kaum vorstellen. Das metaphorische Sprechen, das sich als gitterartiges Raster über die Wirklichkeit legt und fest umrissene Bilder als Fragmente einer zerbrochenen ganzheitlichen Wirklichkeitserfahrung zueinander in Beziehung setzt, prägt sowohl die Form als auch den Inhalt des Gedichts.

Nelly Sachs: „Das ist der Flüchtlinge Planetenstunde“

Nelly Sachs ist wie Paul Celan jüdischer Abstammung und war mit ihm befreundet. Sie wurde 1891 geboren, floh 1940 nach Schweden und erhielt 1966 den Nobelpreis für Literatur. 1970, im Jahr von Paul Celans Selbstmord, starb sie in Stockholm.
In ihrem Werk ist der Untergang des deutschen Judentums von zentraler Bedeutung. Ein wichtiger Gedanke aus der Kabbala, der seit dem 13. Jahrhundert entwickelten mystischen Geheimlehre im Judentum, durchzieht ihr Werk sowie das anderer jüdischer Dichter: Es ist die Vorstellung, dass es eine kosmische Bewegung alles Krea-

türlichen zurück zu seinem göttlichen Ursprung gebe und dass in der Rückkehr des Physischen zu seinem geistigen Ursprung eine Erlösung liege. Die Vernichtungserfahrung des Holocaust kann so umgedeutet werden zu einer Befreiung aus den Fesseln des irdischen Leidens. Auf diesem Hintergrund ist auch viel eher verständlich, warum die vom Holocaust gezeichneten Dichter nicht von Anfang an der Sprachlosigkeit verfallen waren, wie es in einer Äußerung des Philosophen Theodor Adorno anklingt: „Nach Auschwitz ein Gedicht zu schreiben ist barbarisch“ (zit. nach: Materialien, 2005, S. 105).

Positive Umdeutung der Vernichtungserfahrung des Holocaust

Nelly Sachs

Das ist der Flüchtlinge Planetenstunde.
Das ist der Flüchtlinge reißende Flucht
in die Fallsucht, den Tod!

Das ist der Sternfall aus magischer Verhaftung
der Schwelle, des Herdes, des Brots.

Das ist der schwarze Apfel der Erkenntnis,
die Angst! Erloschene Liebessonne
die raucht! Das ist die Blume der Eile,
schweißbetropft! Das sind die Jäger
aus Nichts, nur aus Flucht.

Das sind Gejagte, die ihre tödlichen Verstecke
in die Gräber tragen.

Das ist der Sand, erschrocken
mit Girlanden des Abschieds.
Das ist der Erde Vorstoß ins Freie,
ihr stockender Atem
in der Demut der Luft.

Bereits in der ersten Zeile des titellosen Gedichts klingen die eben erwähnten Aspekte an: Das Schicksal der Flüchtlinge wird in dem Kompositum „Planetenstunde“ überhöht zu einer Erfahrung in kosmischem Zusammenhang. Der Ausdruck „Planetenstunde“ enthält die Vorstellung der Schicksalhaftigkeit und eines vorbestimmten Entwicklungsgesetzes und erinnert an den Stern von Bethlehem, der der Welt Heilshoffnung verhieß. Der erste noch positiv zu wertende Satz von Nelly Sachs’ Gedicht schafft im Zusammenhang mit der letzten Strophe, die wiederum Hoffnungsschimmer birgt,

Bedeutungsumfeld zentraler Begriffe

einen Rahmen um die Metaphern der Zerstörung, die den Mittelteil des Gedichts prägen.
Auffällig ist die Kommunikationssituation des Gedichts. In den fünf Strophen, die durch den Wechsel von drei, fünf und zwei Zeilen eine Symmetrie und eine feste Struktur andeuten, kommt kein sprechendes Ich vor. Die durchgehend beibehaltenen Ausrufesätze, die zwar nicht immer ein Ausrufezeichen besitzen, aber immer mit dem (jemanden auf etwas) hinweisenden „Das ist" beginnen, setzen aber einen Rufer voraus und einen oder mehrere Adressaten, die jedoch nicht antworten.

Die rufende Instanz ist einsam in ihrer Erkennnis und Bewertung des Leidens, aber sie findet eine starke, laute Sprache für das, was sie zu sagen hat. Dies wirkt in gewisser Weise befreiend. Bereits in Zeile zwei und drei wird der Schrecken unmissverständlich thematisiert: „reißende Flucht" deutet Gewalt und Verletzung an, „Fallsucht" und „Tod" sind unentrinnbare Stationen der Krankheit und des Endes. Die Vorstellung des Fallens, der Abwärtsbewegung, wird in der Metapher des Sternfalls mit dem kosmischen Bereich verbunden, der nun negativ belegt ist, denn die bergenden Elemente der Heimat („Schwelle", „Herd") und der Nahrung („Brot") sind in diesem Fall verloren gegangen. Die absolute Metapher „der schwarze Apfel der Erkenntnis", die von ihrer Konstruktion her an den berühmten Anfang der „Todesfuge" von Paul Celan erinnert („Schwarze Milch der Frühe"), schließt mehrere Bildbereiche ein: Der Apfel, der laut Genesis den Sündenfall verursachte, wird mit der Abwesenheit von Licht und Farbe in Verbindung gebracht, dies verweist auf seine todbringende Eigenschaft. Erkenntnis und Licht, so sahen wir schon bei Celan, gehören seit Platon zusammen, die Negierung dieses Zusammenhangs stellt die Vernunftbegabung des Menschen grundsätzlich in Frage. Wenn die „Angst" mit dieser Metapher benannt wird, wird ihre Abgründigkeit auf sinnliche Weise fassbar.

Infragestellung der menschlichen Vernunftbegabung

Der Assoziationskomplex des Kosmischen wird um das Schreckensbild der rauchenden erloschenen Sonne erweitert, die nicht nur als Himmelskörper, sondern auch durch die Zusammensetzung mit „Liebe" gleichzeitig als Grundlage aller menschlichen Existenz verstanden wird, deren Ende das Bild impliziert. Das Wortfeld der Flucht wird sodann durch die Genitivmetapher „Blume der Eile“ ergänzt, die paradox wirkt, weil eine Blume an langsames Wachstum denken lässt. Dass die „Jäger“ nicht greifbar sind („aus Nichts“), macht sie umso erschreckender, da man sich nicht gegen sie wehren kann. Ihre Opfer, „Gejagte“, sind sicher konkret zu verstehen als die Verfolgten (Juden) aller Länder, deren Schicksale hier bedrückend durchscheinen: das Aufgespürtwerden im Versteck (wir denken an Anne Frank) oder das Zusammengetriebenwerden in selbstgeschaufelten Gräbern, wie es aus Augenzeugenberichten des Zweiten Weltkriegs überliefert ist.

Abschwächung der Grausamkeit in der letzten Strophe

Die fast unerträgliche Grausamkeit der Mittelstrophe wird in der letzten abgeschwächt oder aufgehoben. „Sand“ und „Erde“, ersterer personifiziert durch die Apposition „erschrocken“, die Erde durch ihren „Vorstoß ins Freie“, befinden sich nicht mehr am Himmel, wo die Machtlosigkeit des Menschen noch extremer ist, sondern verweisen nach unten. Die Girlanden erinnern an die Blumen aus Z. 8 und lassen die Vorstellung zu, dass das Leben bis zum Schluss noch im Spielerischen und Farbigen verhaftet ist.

Die oben angedeutete kabbalistische Denkweise kommt besonders in den letzten drei Zeilen zum Ausdruck. Der „Vorstoß“ der Erde „ins Freie“ signalisiert einen utopischen Neuanfang, wenn auch mit „stockende[m] Atem“. Die Zurücknahme aller Grausamkeit und Anklage in der Genitivmetapher „Demut der Luft“ lässt das Gedicht sanfter ausklingen, als zu erwarten gewesen wäre. Durch die Personifizierung der Luft, die wie ein Mensch „Demut“ empfinden kann, wird eine Leichtigkeit geschaffen, die einer Art Erlösung gleichkommt. Auch der metrische Stau, der sich in den zerrissenen Zeilen der vorigen Strophe gebildet hat, wo Enjambement und Satzenden nicht den Sprachfluss fördern, sondern ihn hemmen, hat sich nun gelöst und einem sanfteren Sprechen Platz gemacht, in dem der vorher evozierte Schrecken fast versöhnlich aufgehoben ist.

Zusammenfassung

Als Reaktion auf die Abnutzung und den Missbrauch der Alltagssprache vor allem im Faschismus finden sich in der hermetischen Lyrik verschlüsselte, dunkle Bilder, meist absolute Metaphern, die sich dem logischen Verständnis entziehen. Sie werden jedoch durch die Herstellung assoziativer Zusammenhänge zugänglicher. Leidhafte Liebeserfahrungen, persönliche Erschütterung sowie die Unsagbarkeit durch die Prägung des Holocaust werden so in einer Sprache transzendiert, deren Unvergänglichkeit das Zeitgebundene der individuellen Gefühle weit übersteigt.

Vor allem in **Paul Celans** Gedichten wird der tastende Versuch einer durch dichterische Sicht gefilterten Neuzusammensetzung der als zerbrochen empfundenen Wirklichkeit geleistet. Durch Zuordnung der Bilder zu bestimmten Themenkomplexen entsteht eine neue Wirklichkeit, die weniger durch Logik als durch Phantasie erfahren werden kann und die bei **Ingeborg Bachmann**, Celan und **Nelly Sachs** durch Andeutung kosmischer und metaphysischer Bezüge Hoffnung erweckt.

Poetologische Gedichte

Einleitung

Dieses Kapitel befasst sich mit so genannten poetologischen Gedichten, d.h. mit Gedichten, die sich mit dem Stellenwert der Lyrik in der Gesellschaft, mit der Rolle des Dichters, mit seinen Problemen beim Schreiben und mit der Wirkung des Gedichts auf den Leser beschäftigen.

Zwar ist die Tradition, sich Gedanken zu machen über die Produktion von Literatur, über ihr Wie und Warum, schon alt; sie beginnt in der deutschen Literatur mit dem „Buch von der deutschen Poeterey" des Barockdichters Martin Opitz, und aus der Antike ist uns die „Poetik" von Aristoteles bekannt. Doch handelt es sich hierbei um theoretische Abhandlungen. In der Lyrik selbst war das Verständnis des Dichters von sich und seiner Funktion durch die Epochen hindurch relativ ungebrochen und erfuhr einen Höhepunkt in der Romantik, wo der Dichter – und der Künstler allgemein – als der mächtige Bewahrer jenes Geheimnisses verstanden wird, das „die Welt zum Klingen bringen" kann. Erst mit Beginn des 20. Jahrhunderts, als das Wirklichkeitsverständnis einen Bruch erfuhr und die Sprache als Medium einer sinnvollen Verbindung zwischen Welt und Ich (z.B. bei Hofmannsthal) in Zweifel gezogen wurde, fanden sich die ersten Gedichte, die den Sinn des Dichtens in Frage zu stellen begannen.

Selbstverständnis des Dichters in der Vergangenheit

Dass die Reflexion über die Rolle des Dichters und die Funktion der Sprache im Gedicht gerade nach 1945 eine Notwendigkeit darstellt, sollte aus den vorangegangenen Ausführungen klar geworden sein. Eine Fülle von programmatischen oder poetologischen Gedichten, die man in jeder Anthologie der Lyrik nach 1945 finden kann, beweist, dass die Auseinandersetzung mit den angedeuteten Problemen nicht nur auf rein theoretischer Basis stattfindet (z.B. in Büchner-Preis-Reden oder Vorlesungen), sondern sich bis tief in das lyrische Kunstwerk hinein fortsetzt. Das ist nicht verwunderlich,

Veränderte Situation nach 1945

wenn man bedenkt, wie zweifelhaft dem Dichter die ihn umgebende Wirklichkeit, zu der er ja dann auch alles von ihm Geschaffene zählt, geworden ist und wie intensiv er angesichts dieser Tatsache um die Rechtfertigung seines Dichtens ringen muss. Soll man in dieser Situation tatsächlich noch so unnütze Gebilde schaffen wie Gedichte?

Ist Dichten sinnlos?

In Goethes Gedicht „Der Sänger" heißt es noch:

> „Ich singe, wie der Vogel singt,
> Der in den Zweigen wohnet.
> Das Lied, das aus der Kehle dringt,
> Ist Lohn, der reichlich lohnet."

Dass das Zeitgeschehen und die Zweifel an der Sprache eine so ursprüngliche Haltung dem Singen gegenüber unmöglich gemacht haben, ist leicht einsichtig.

Je nach Dichterpersönlichkeit und deren historischem, gesellschaftlichem oder künstlerischen Umfeld fallen die poetologischen Äußerungen in den im vorliegenden Kapitel zusammengetragenen Gedichten unterschiedlich aus. Da ist zunächst Gottfried Benn, der seinen Glauben an das „absolute Gedicht" und die Kraft des Wortes auf Nietzsches „Artistenevangelium" zurückführt, dann Karl Krolow, der das immer größer werdende Schweigen im modernen Gedicht durch „intellektuelle Heiterkeit" bewältigt. Paul Celan ist geprägt von seiner jüdischen Vergangenheit, deren Leiden es ihm unmöglich machen, so absolute Ansprüche an das Gedicht zu stellen wie Benn. Doch seine Hoffnung darauf, dass eine Bewegung auf ein Ziel zu durch das Gedicht bewirkt werden könnte, weicht erst am Ende seines Schaffens einer zunehmenden Verbitterung, die sich auch in der extremen Reduktion dessen äußert, was noch gesagt werden kann. Peter Huchel versucht, in der Natur Zeichen dafür zu finden, dass eine Transzendenz auch nach 1945 noch erfahrbar ist, doch zeigen seine Gedichte immer wieder, dass ihm diese Erfahrung verschlossen bleibt. Hilde Domin und Günter Kunert fordern vom Gedicht, dass es gesellschaftlich verortet sein und zur Unruhe aufrufen solle, und für Marie Luise Kaschnitz und Ingeborg Bachmann bedeutet das Nicht-mehr-Dichten-Können existentielle Verzweiflung, die aus ihren Gedichten spricht.

Die folgenden poetologischen Gedichte darf man nicht immer so verstehen, als ob sie ein unumstößliches Programm für das Gesamtwerk des Dichters bildeten. Oft sind sie ein momentaner Versuch, die Verzweiflung am Dichten in Worte zu fassen – Worte, die sich wieder zum Gedicht zusammenschließen, weil der Dichter trotz allem „die Mitteilung des nicht – oder doch kaum – Mitteilbaren" als seine Aufgabe sieht, weil er „rufen" will und muss, „vox clamans" sein, „Stimme, die die andern aufruft, am Leben zu bleiben, Stimme, die sie verletzt und verletzbar erhält" (Hilde Domin, *Wozu Lyrik heute*, München: Piper, 1981, S. 18).

Der Dichter als Rufer und Mahner

Manchmal widerspricht der Dichter sich in solchen Äußerungen auch scheinbar selbst, wie etwa Marie Luise Kaschnitz, die einmal die leise Hoffnung auf das Überleben von „zwei oder drei Worten" formuliert und sich in einem anderen Gedicht selbst den Befehl gibt: „Schweig". Solche poetologischen Gedichte können also als Stufen in einem nie endenden Prozess der Konfrontation des Dichters mit seinen eigenen Möglichkeiten und Grenzen begriffen werden.

Gottfried Benn: „Ein Wort"

Gottfried Benn verlangt dem Gedicht Großes ab: eine „neue Transzendenz" angesichts des herrschenden „Nihilismus der Werte". „Zusammenhangsdurchstoßung" und „Wirklichkeitszertrümmerung" sind für ihn Mittel, um dies zu erreichen, und er montiert die Worte „faszinierend" zu einem „Gedicht ohne Glaube, ohne Hoffnung, an niemanden gerichtet". Er misst also dem Gedicht die Funktion zu, Sinn zu schaffen in einer Welt, die nach 1945 in zunehmendem Maße des Sinns zu entbehren scheint.

Der Absolutheitsanspruch dieser Forderung kommt in seinem Gedicht „Ein Wort" fast noch deutlicher zum Tragen als in seinen theoretischen Äußerungen.

Gottfried Benn

Ein Wort

Ein Wort, ein Satz –: aus Chiffren steigen
erkanntes Leben, jäher Sinn,
die Sonne steht, die Sphären schweigen
und alles ballt sich zu ihm hin.

Ein Wort –, ein Glanz, ein Flug, ein Feuer,
ein Flammenwurf, ein Sternenstrich –,
und wieder Dunkel, ungeheuer,
im leeren Raum um Welt und Ich.

Das Gedicht beginnt, indem es das benennt, was dem Dichter als Rohmaterial zur Verfügung steht: ein Wort, als nächste größere Einheit einen Satz. Doch sind diese Elemente für Benn nicht beliebig oder alltäglich, sondern „Chiffren", das heißt verschlüsselte Bilder, welche, wie sich im Fortgang der Strophe zeigen wird, eine ungeheure Energie in sich verbergen – einen „Rauschwert" oder „Wallungswert" würde Benn es nennen. Diese Energie ist so intensiv, dass sie die gesamte Schöpfung verändern kann – die Sonne, wichtigster Lebensspender und ehemals Symbol des Göttlichen, unterbricht ihren seit Urzeiten ununterbrochenen Lauf, die Sphären, die nach antiken und mittelalterlichen Vorstellungen von einer Musik ertönen, in welcher der Glaube an die Harmonie des Weltganzen mitschwingt, schweigen, und – ein letzter Schritt zur „Durchstoßung" einer allgemein nachvollziehbaren äußeren Wirklichkeit – die Bewegung der gesamten Schöpfung verläuft auf das Wort hin, dem eine so elementare Macht zugesprochen wird, dass es den Kosmos zu verändern imstande ist. Hierin liegt also die neue „Transzendenz", die ersetzen soll, was seit Nietzsches „Gott ist tot" als verloren gilt. Sie enthält Erkenntnis („erkanntes Leben") und Sinn, die nach der Auffassung Benns noch durch das Gedicht übermittelt werden können. Benn geht also so weit, der Dichtung Erkenntniswert beizumessen, der wenigstens für einen Augenblick den verlorenen Sinn wieder zu stiften vermag.

Das Wort als Chiffre

Das Wort enthält Energie

Das Wort ist Zentrum des Kosmos

Das Wort hinterlässt keine Spuren von Dauer

Wirkung des Gedichts bleibt auf den Augenblick beschränkt

Das Adjektiv „jäh" deutet jedoch schon in der zweiten Zeile an, dass die Intensität dieser Energie zu groß ist, um von Dauer zu sein. Mit der Fortsetzung der Lichtmetaphorik in der zweiten Strophe wird uns diese Vermutung bestätigt. Parallel zur ersten Strophe wird das Wort zu Anfang beschworen, dann folgen Atem und Auge des Lesers seiner Bahn durch das All – der Atem, weil durch die Folge von fünf Substantiven, die hier „ihre Schwingen öffnen“, über das Zeilenende hinweg ein großer Bogen geschaffen wird, der vom Verhältnis zwischen betonten und unbetonten Silben lebt (Glánz, Flúg, Feúer, Flámmenwurf, Stérnenstrich – die Worte werden immer länger, der Schweif des Kometen zieht sich von zwei einsilbigen über ein zweisilbiges zu zwei dreisilbigen Worten), aber auch von Alliterationen (**F**lug, **F**euer, **F**lammenwurf, **St**ernen**st**rich), und das Auge, weil die fünf aufeinander folgenden Substantive, lässt man sie als Momentaufnahme blitzschnell vor dem inneren Auge abrollen, zusammen so etwas wie den Kurzfilm vom Flug eines Meteors bilden. Der Gedankenstrich am Ende der zweiten Zeile signalisiert das unwiderrufliche Ende dieses Flugs. Der Meteor ist erloschen, die ungeheure Wirkung, die das Wort für Augenblicke hervorbrachte, ist verschwunden, ohne dauerhaft Spuren zu hinterlassen. Der „Raum um Welt und Ich“ ist wieder in seinem Urzustand von Leere und Dunkel, in dem der Mensch ihn im 20. Jahrhundert vorfindet. Ein Gedicht „ohne Hoffnung“ also, jedenfalls ohne die Hoffnung auf eine dauernde Sinnstiftung.

Aber die „faszinierend montierten“ Worte haben doch etwas bewirkt: rein äußerlich die Faszination des Lesers durch ihre Kraft und Schönheit. Auf einer zweiten Ebene vermitteln sie den Glauben des Lyrikers an die augenblickliche, „monologische“ Wirkung seiner Kunst, aber auch das Wissen um deren Vergänglichkeit.

Vergleicht man Gottfried Benns Auffassung mit derjenigen späterer Dichter, so wird deutlich, dass er als einer der Letzten den Glauben an die Kraft der Dichtung und das Vertrauen auf die Macht des Wortes noch zu übermitteln vermag. Schon zu Benns Lebzeiten weicht diese Haltung einer tiefen Skepsis, die wir bei Ingeborg Bachmann und Paul Celan noch an Beispielen veranschaulichen werden.

Karl Krolow: „Worte"

Auch Karl Krolow äußert sich wesentlich skeptischer als Benn. Er beschäftigt sich weniger mit dem „Wie" des Dichtens als mit dem „Warum" und seiner Wirkung auf den Leser oder Hörer. In seinem Gedicht „Worte" ist diese Skepsis gegenüber dem Vermögen lyrischer Sprache bereits deutlich zu spüren.

Karl Krolow

Worte

Einfalt erfundener Worte,
Die man hinter Türen spricht,
Aus Fenstern und gegen die Mauern,
Gekalkt mit geduldigem Licht.

Wirklichkeit von Vokabeln,
Von zwei Silben oder von drein:
Aus den Rätseln des Himmels geschnitten,
Aus einer Ader im Stein.

Entzifferung fremder Gesichter
Mit Blitzen unter der Haut,
Mit Bärten, in denen der Wind steht,
Durch einen geflüsterten Laut.

Aber die Namen bleiben
Im Ohre nur ein Gesumm
Wie von Zikaden und Bienen,
Kehren ins Schweigen um.

Vokale – geringe Insekten,
Unsichtbar über die Luft,
Fallen als Asche nieder,
Bleiben als Quittenduft.

Auch hier wird nicht, wie bei so vielen der Gedichte nach 1945, auf den Reim verzichtet, allerdings ist Krolows Gedicht nicht so klangintensiv wie Benns, da er nicht wie Benn das Reimschema *abab* verwendet, sondern *xaxa*, *xbxb* usw. Dadurch wirkt der Ton des Gedichts leichter, nicht so verdichtet wie bei Benn.

Leichtigkeit des Tons

Distanz des lyrischen Ich zur Wahrheit der Worte

Auch Krolow geht es, wie schon die Überschrift zeigt, um die „Worte" und ihre Wirkungsmöglichkeiten. Doch schon das erste Wort seines Gedichts zeigt, dass er von Benns Erwartungen an das absolute Gedicht weit entfernt ist. Nicht das Wort allein wird, wie bei Benn, benannt und beschworen, sondern die Distanz des lyrischen Sprechers zum Wort wird sofort thematisiert: Die Worte sind erfunden, ihr Verhältnis zur Wirklichkeit ist also zweifelhaft, und sie werden mit dem Begriff Einfalt in Verbindung gebracht – als müsse derjenige, der diese Worte erfindet, vor der Sinnlosigkeit seines Tuns resignieren. Die beiden nächsten Zeilen setzen diesen Gedankengang fort: Wenn die Worte „hinter Türen", „aus Fenstern" und „gegen Mauern" gesprochen werden, dann existiert eine klare Trennung zwischen dem Raum, in dem diese Worte zu hören sind, und dem Rest der Welt. Von der Wirkung der Worte ist also nicht mehr so Wunderbares zu erwarten wie bei Benn. Auch das Bild des „geduldigen Lichts" fügt sich hier ein, wenn man Geduld als Standhalten gegenüber dem Unvermeidlichen, der Auflösung, versteht.

Ebenso wird die „Wirklichkeit der Vokabeln" in der zweiten Strophe in Frage gestellt, wenn sie „aus den Rätseln des Himmels" geschnitten werden müssen. Zwar wird ihr Wert nicht in Abrede gestellt, denn aus der „Ader im Stein" schneidet man wertvolle Metalle wie Gold oder Silber, und der Himmel ist der Ort, wo wir Werte zu finden hoffen, die wir auf der Erde verloren haben. Dadurch, dass in dieser Strophe das Verb völlig fehlt, bekommen die „Vokabeln" und „Silben" jedoch einen schwebenden Charakter, bleibt ihre „Wirklichkeit" bezuglos im Raum stehen wie eine unbeantwortete Frage.

Der „Laut" in Z. 12, der mit den Worten, Vokabeln, Silben und Namen in den anderen Strophen korrespondiert, ist hier nur noch geflüstert, also von geringer Intensität – zu ihm würde nichts „sich hinballen" wie bei Benn. Trotzdem wird noch die Möglichkeit der „Entzifferung" fremder Gesichter durch ihn angedeutet – ob diese Kontaktaufnahme mit dem Fremden, Fernen, Geheimnisvollen („Blitze unter der Haut", „Bärte, in denen der Wind steht"), des Verstehens durch Türen und Mauern hindurch wirklich stattfindet, bleibt ungewiss, denn dem Hauptsatz fehlt wiederum das Verb.

Die Wirkung des Worts ist nicht mehr intensiv

Die vierte Strophe jedoch bringt eine definitive Aussage, die durch das einleitende „Aber" ganz deutlich gewichtet wird: „nur ein Gesumm [...] Schweigen". Wir erinnern uns an Heines Zeilen „Die Lotosblume erschließet/Ihr

Zweifel an der Wirksamkeit lyrischen Sprechens

Kelchlein dem Mondenlicht, / Doch statt des befruchtenden Lebens / Empfängt sie nur ein Gedicht." Doch nicht Bitterkeit angesichts des Zweifels an der Wirksamkeit seines Schaffens ist bei Krolow zu spüren, sondern nur eine leise, fast heitere Resignation. Der Weg vom geflüsterten Laut über das Gesumm von freundlichen Insekten bis zum Schweigen ist bei ihm kein schmerzlicher Leidensweg wie bei so vielen anderen Dichterkollegen – so jedenfalls formuliert es das Gedicht. Das zeigt sich auch darin, dass es nicht mit Schweigen endet, sondern das Bild der Zikade und Biene noch einmal aufgreift. Die Vokale – als Teile der Worte, Vokabeln oder Namen – sind zwar „geringe Insekten", kurzlebig also, nutzlos und ganz leicht, dazu „unsichtbar". Erinnern wir uns im Gegensatz dazu an Benn, bei dem das Wort im Zentrum des Universums stand, als Lichtträger, zu dem sich alles hinballte und der den verloren gegangenen Sinn wiederherstellte. Bei Krolow sind die Worte viel weniger wirkungskräftig, leichter und schwereloser geworden. Aber sie müssen sich doch nicht im Nichts auflösen. Sind die letzten Zeilen als Alternative zueinander gemeint? Krolow gibt uns keinen Anhaltspunkt dafür. Wir können also nur feststellen, dass auch im Bild der niederfallenden Asche noch die Leichtigkeit, die schwebende Bewegung enthalten ist, wie im Bild der Insekten, und dasss die letzte Zeile eine hübsche Möglichkeit des Überlebens der Vokale anspricht: als Duft, also unsichtbar, unhörbar und noch substanzloser als der geflüsterte Laut oder das Gesumm. Und als Duft von Quitten – also herb und frisch.

„Intellektuelle Heiterkeit"

Wenn wir später der oft verzweifelten Anstrengung begegnen, mit der z. B. Paul Celan versucht, die Sprache wieder für die Lyrik lebendig zu machen, dann wird Krolows Sonderposition unter den Lyrikern nach 1945 deutlich. Die von ihm angestrebte „intellektuelle Heiterkeit" spricht auch aus dem eben interpretierten Gedicht. Auch er weiß um die Diskrepanz zwischen Wirklichkeit und Gedicht, die im Schweigen mündet. Aber sein Leiden ist aller Erdenschwere entledigt, sein Gedicht ist so leicht, dass es zu entschweben scheint wie die Asche, der Duft und die Insekten.

Die Zweifel an der Wirklichkeit und Wirksamkeit des Wortes, die sich in Strophe 1–4 äußern und für Krolows

Haltung der Lyrik gegenüber typisch sind, erfahren also in der fünften Strophe einen fast unmerklichen Umschwung. Während die erste Zeile noch ein abwertendes Bild für Vokale als Repräsentanten des Lyrischen anführt („geringe Insekten“) und damit die Skepsis and der Wirksamkeit unterstützt, deutet der „Quittenduft“ an, dass für Dichter und Leser bei der Produktion der Lyrik doch noch eine – wenn auch im Gegensatz zu Benns „Flammenwurf“ und „Sternenstrich“ winzige – sinnlich wahrnehmbare Wirkung zurückbleibt.

Arbeit des Dichters nicht ganz hoffnungslos

Paul Celan: Nacht

Nicht immer sprechen poetologische Gedichte in so klarer, unverhüllter Form in ihrem Anliegen wie die vorangegangenen Beispiele, die schon durch ihre Überschrift den Leser mit ihrer Thematik vertraut machten. Wir wenden uns nun zwei Gedichten zu, bei denen eine Folge intensiv miteinander verwobener Bilder vielleicht zunächst den Blick auf die tiefere poetologische Aussage der Gedichte verstellt. Sobald wir uns aber eingehender mit diesen Bildern und den Zusammenhängen zwischen ihnen beschäftigen, wird deutlich, dass sich die Chiffren zusammenfügen zu einem Sinn, der dem engagierten Leser zugänglich ist – vorausgesetzt, er bringt die Bereitschaft mit, sich zu öffnen und in das Gedicht einzudringen. Außerdem muss der Leser darauf vorbereitet sein, dass die Interpretation eines solchen Gedichts nicht mit dem Formulieren irgendeiner kurzen, eindeutigen Essenz als Gesamtaussage geleistet werden kann. Die Interpretation liegt im Vorgang der Begegnung mit den Chiffren, des Ertastens der Zusammenhänge zwischen ihnen. So wird ansatzweise klar, wie ein „dunkles“ Gedicht vom Leser „erhellt“ werden kann.

Aufgabe des Lesers bei der Interpretation

Paul Celan

Nacht

Kies und Geröll. Und ein Scherbenton, dünn,
als Zuspruch der Stunde.

Augentausch, endlich, zur Unzeit:
bildbeständig,

verholzt
die Netzhaut –:
das Ewigkeitszeichen.

Denkbar:
droben, im Weltgestänge,
sterngleich,
das Rot zweier Münder.

Hörbar (vor Morgen?): ein Stein,
der den andern zum Ziel nahm.

Der Zugang zu diesem Gedicht ist schwierig. Beim ersten Lesen ist es noch nicht möglich, ein eindeutiges Thema festzustellen, das man zum Ausgangspunkt der Interpretation machen könnte. Wir können nicht einmal sicher sein, ob es sich um ein poetologisches Gedicht handelt, denn Begriffe wie „Worte“, „Silben“, „Vokale“ wie bei Benn und Krolow kommen nicht vor. Die Zeile „das Rot zweier Münder“ scheint eher darauf hinzuweisen, dass es sich um ein Liebesgedicht handelt. Doch um diese Frage zu klären, müssen wir das Thema Schritt für Schritt aus dem Gedicht erschließen.

Verben fehlen

Gehen wir zunächst von Anhaltspunkten aus, die schon von Benn oder Krolow vertraut sind: Wiederum fehlen die Verben. Das einzige in „Nacht“ steht ganz am Schluss und gehört keinem Hauptsatz an, sondern einem Relativsatz. Wir können uns also nicht, wie bei den Gedichten früherer Epochen, darauf verlassen, dass Verben im Gedicht helfen, Zusammenhänge herzustellen, einen Ablauf zu erkennen. Daraus entsteht Ratlosigkeit beim ersten Lesen des Gedichts, und es bleibt also die ganz persönliche Aufgabe des Lesers zu erkennen, in welchem Verhältnis die Nomen im Gedicht zueinander stehen. Diese Beziehung müssen wir mit Worten formulieren, die im Gedicht nicht enthalten sind, die jedoch

Der Leser muss selbst eine Verbindung zwischen den Nomen herstellen

die Verbindung mit dem im Gedicht Gesagten nie ganz verlieren dürfen.
Das lateinische Wort Nomen heißt Namen. Hier werden die Namen von Dingen genannt, damit wir diese Dinge sehen, hören oder uns geistig vergegenwärtigen können. Dieses Nennen beginnt mit der Überschrift „Nacht", die man gleichzeitig als Thema des Gedichts verstehen kann. Freilich wird mit den ersten Worten klar, dass mit dieser Nacht keine konkrete Natur-Nacht gemeint sein kann. Es muss sich also um eine abstraktere Vorstellung von Nacht handeln, um eine Art existenzielles Dunkel, in dem das Sehen und damit die Begegnung mit dem „andern" – ob dies nun ein Mensch oder ein Ding sei, wird nirgends gesagt – schwer oder unmöglich werden.

Nacht als existenzielles Dunkel

Die Worte „sterngleich" und „(vor Morgen?)" deuten eine Entwicklung der Nacht an. Doch zunächst scheint die Nacht eher abweisend – im Zusammenhang mit „Kies und Geröll" betrachtet, die untergeordnet und lose aufeinander liegen und keinen Halt gewähren.
Aus diesem leblosen Raum dringt aber jetzt ein Ton, also ein Lebenszeichen. Zwar ist er nur „dünn" und entsteht – als „Scherbenton" – durch Zerbrechen, aber er wird sofort positiv gedeutet: als „Zuspruch". Spruch hat mit sprechen und Sprache zu tun – Sprache, die entsteht durch Zerbrechen und doch Trost sein kann. Hier liegt ein Widerspruch, der aber keiner Auflösung bedarf – ein wichtiges Merkmal der Lyrik Paul Celans und moderner Lyrik überhaupt.

„Ton" bedeutet Leben.

Sprache ist Trost

Gleichzeitig findet sich ein Hinweis auf den poetologischen Charakter des Gedichts: Das Gedicht spricht aus sich selbst, und die Sprache des modernen Gedichts kommt aus der Unordnung und Kälte von „Kies und Geröll", aus dem, was zu Scherben zerbrochen ist. Aber es wird trotzdem hörbar – nicht als Lied, sondern als Stein, der nicht aus sich selbst, sondern nur dadurch, dass er bewegt wird, ein Geräusch erzeugt – so sagen es die letzten beiden Zeilen des Gedichts.

Motiv des Steins

Jetzt können wir eine weitere Orientierung vornehmen, indem wir nach Worten suchen, die zu dem neu gefundenen Wortfeld Ton passen, die eine Kommunikation andeuten, etwas Lebendiges also in der Nacht. Dabei stoßen wir auf: „Zuspruch", „Augentausch" (tauschen – austauschen), „Netzhaut" (Sehen in der Nacht) „Ewig-

Hinweise im Gedicht auf Kommunikation

keitszeichen" (ein Zeichen will etwas zeigen und wird gesehen), „Münder" (aus denen vielleicht gesprochen, mit denen vielleicht sogar geküsst wird, jedenfalls sind es zwei, es besteht also die Möglichkeit zur Kommunikation), „hörbar" und „zum Ziel nahm" (eine Bewegung auf etwas zu).

Bewegung im Gedicht

Nach diesen Schritten wird klar, dass im Gedicht eine Bewegung stattfindet – vom sinnlosen, untergeordnet gehäuften „Kies und Geröll" zum sinnvollen einzelnen „Stein, der den andern zum Ziel nahm", der also eine Richtung hat und unterwegs ist, von der Nacht über den Stern zum Morgen, auch wenn dieser noch in Frage steht. Nach der zweiten Zeile holen wir in einer Leerzeile Atem für „Augentausch, endlich, zur Unzeit". Endlich bedeutet, dass etwas geschieht, das lange erhofft wurde. Augentausch ist, wie schon angedeutet, Kommunikation mit dem Anderen, ein Zeichen von Leben. Er geschieht „zur Unzeit" – ist damit die Nacht gemeint, also etwas Negatives, oder die nicht vorhandene Zeit der Ewigkeit? Wiederum ist beides möglich und die doppelte Möglichkeit bedeutet Leben und Bewegung – sowohl zurück zur Nacht als auch vorwärts zur Ewigkeit.

Doppeldeutigkeit von Begriffen

Die Doppelpunkte hinter „Unzeit" und „Netzhaut" fassen die drei Zeilen, die zwischen diesen Doppelpunkten liegen, zu einer Einheit zusammen: die bildbeständige, „verholzte" Netzhaut ermöglicht zur Unzeit den Augentausch, das „Ewigkeitszeichen". Wenn sie bildbeständig ist, ist sie beständig gegen Bilder, sie lässt also keine Bilder ein. Verholzt bedeutet ebenfalls: nicht mehr porös, undurchlässig. Erst die Netzhaut, die keine Bilder der äußeren Welt mehr einlässt, weil es Nacht ist, ermöglicht also den Augentausch, die Kommunikation mit dem Anderen, die zum hoffnungsvollen Ewigkeitszeichen wird. Aus dieser Kommunikation kann dann auch das allerdings nur „denkbare", also nicht unbedingt das reale „Rot zweier Münder" entstehen, das jedoch unirdisch bleibt – „droben, im Weltgestänge". Ebenso vorsichtig wird der Schluss formuliert. Das „vor Morgen" steht in Klammern und ist mit Fragezeichen versehen, es bleibt also vage Hoffnung, und der Stein, der sich auf „den andern" zubewegt, hat sein Ziel am Ende des Gedichts noch nicht gefunden.

„Augentausch" als Kommunikation

Das Gedicht spricht also von einer erhofften Begegnung oder Kommunikation, die sich durch Sprache oder sprachlos durch das Auge vollziehen könnte, von der man aber am Schluss des Gedichtes nur weiß, dass sie in einer Bewegung ihren Anfang genommen hat. Ist dies denn überhaupt ein poetologisches Gedicht? Die schon erwähnten Hinweise darauf sind zahlreich: „Ton“, „Zuspruch“, „hörbar“, „Augentausch“, „bildbeständig“, „Netzhaut“, „Ewigkeitszeichen“, „Münder“, „zum Ziel nahm“ – das sind alles Elemente einer Sprache im weitesten Sinne, die in diesem Gedicht thematisiert wird. Dringendstes Anliegen der Sprache ist, gehört zu werden, ob von einem Liebenden zum andern (dann ist das Gedicht gleichzeitig ein Liebesgedicht) oder von einem Dichter zu einem zuhörenden Du ist letztendlich nicht mehr wichtig.

Sprache will gehört werden

Für jeden Dichter aber, und besonders für Paul Celan, ist die Bewegung auf ein Gegenüber zu immer eine Bewegung durch Sprache, durch das Gedicht. Alle Hoffnung auf einen möglichen Sinn konzentriert sich auf den Sinn des Gedichts. Paul Celans Freitod war wohl eine Folge davon, dass die Hoffnung immer Hoffnung blieb, immer nur „denkbar“. So, wie die Möglichkeit einer Kommunikation nur angedeutet wird, bleibt auch das Gedicht selbst in seiner Bewegung auf den Leser zu nur ein Versuch, der uns nicht Endgültiges bieten will. Die Sinne, die wir zum Erfassen eines Gedichts brauchen, sind angesprochen: Auge und Ohr. Aber um es zum „Ewigkeitszeichen“ werden zu lassen, müssen wir die Netzhaut unseres äußeren Auges undurchlässig machen, damit die inneren Bilder entstehen können. Das entspricht, allerdings in noch viel radikalerer Weise, der Behauptung Benns, dass Leben und Sinn erst aus Worten entstünden. Während Benn noch fest an die – wenn auch nur momentane – Kraft und Intensität des Sinns durch das Wort glaubte, ist bei Paul Celan nur noch die Hoffnung zu spüren, dass eine Bewegung auf diesen Sinn zu möglich wäre, dass der Sinn des Dichtens in der Hoffnung liegen könnte, ein Gegenüber zu erreichen.

Nicht die äußere Wirklichkeit muss gesehen werden, Bilder entstehen im Innern

Paul Celan kann also nicht mehr wie Benn eine konkrete Erwartung an die „wirklichkeitszertrümmernde“ und monumentale Wirkung seiner Lyrik formulieren. Dies liegt unter anderem auch im Unterschied zwischen den beiden Dichterbiographien begründet. Celan wuchs nicht wie Benn als Bildungsbürger in gesicherten Verhältnissen auf, sondern durchlebte alle Schrecken und Leiden, denen ein 1920 geborener rumänischer Jude ausgeliefert war. Dies musste notwendigerweise zu fundamentalen Zweifeln führen: zu Zweifeln an Gott, am Mitmenschen, an sich selbst, an der Wirkung der Sprache. Während Benns Kunsttheorie noch aus der Bejahung von Werten wie Artistik entstehen konnte, entwickelte sich die Celans aus der Verneinung und aus dem Leiden. Dichtung als Möglichkeit der Begegnung mit dem Gegenüber ist für ihn ein Weg, von der Negation zum Versuch einer Bewältigung zu gelangen.

Das Gedicht als Medium zur Begegnung zwischen Ich und Welt / Ich und Du

Peter Huchel: „Unter der Wurzel der Distel"

Nachdem wir bei Benn den Glauben an die Erkenntnis vermittelnde Funktion der Lyrik, bei Krolow Skepsis in Bezug auf die Wirkung von Lyrik und bei Celan die Nähe zur Sprachlosigkeit kennen gelernt haben, befassen wir uns nun mit den Schwierigkeiten des Dichters beim Verfassen von Lyrik. In Peter Huchels „Unter der Wurzel der Distel" aus seinem zweiten Gedichtband wird diese Problematik sinnfällig.

Peter Huchel

Unter der Wurzel der Distel
Wohnt nun die Sprache,
Nicht abgewandt,
Im steinigen Grund.
Ein Riegel fürs Feuer
War sie immer.

Leg deine Hand
Auf diesen Felsen.
Es zittert das starre
Geäst der Metalle.
Ausgeräumt ist aber
Der Sommer,
Verstrichen die Frist.

Es stellen
Die Schatten im Unterholz
Ihr Fangnetz auf.

Sinnlich fassbar wird uns die Mühe um die Belebung der Sprache in dem Motiv des Steins, das uns von Krolows Gedicht „Worte" („geschnitten,/Aus einer Ader im Stein") und von Paul Celans Gedicht „Nacht" (Kies, Geröll, ein Stein) her bekannt ist. Bei Celans Verwendung des Steinmotivs wurde besonders deutlich, dass der Stein nicht unbedingt Bild für etwas Negatives sein muss – für Verhärtung, Unzugänglichkeit, Leblosigkeit –, sondern dass ihm eine Dialektik innewohnt, die durch die Spannung zwischen Negativem (Kies, Geröll) und Positivem („Stein, der den andern zum Ziel nahm") Leben schafft. Überträgt man diesen Gedankengang auf die dichterische Sprache, so lässt sich vermuten, dass der Dichter nach 1945 – vereinfacht formuliert – sein Ziel darin sieht, das, was an der Sprache kalt, tot und farblos erscheint, zu neuem Leben zu erwecken. Das gelingt ihm aber nicht mehr, wie etwa seinem romantischen Kollegen, durch die bloße „Berührung der Tasten der Natur", die dann zu klingen beginnen, sondern seine Materie ist härter und schwerer formbar, erfordert daher mehr Anstrengung und entzieht sich ihm leichter.

Motiv des Steins

Ganz deutlich wird dies in den ersten beiden Zeilen von Huchels Gedicht. Disteln wachsen auf steinigem Boden und haben lange Wurzeln, um der kargen Umgebung die wenigen Nährstoffe zu entziehen, die sie brauchen. Wenn die Sprache nun „unter" dieser Wurzel wohnt, so ist sie schwer zugänglich und verwehrt sich zunächst dem Zugriff – wie auch die Distel selbst sich durch ihre Härte und ihre Stacheln vor dem Menschen schützt. Das „nun" weist darauf hin, dass dies nicht immer so war und dass der Sprecher des Gedichts sich seiner Situation als Dichter nach 1945 bewusst ist. Doch folgt, ähnlich der bei Paul Celan angesprochenen Dialektik, ein positiver Aspekt: „nicht abgewandt,/Im steinigen Grund". Obwohl es mühevoll ist, zur Sprache vorzudringen, wird sie sich doch dem, der die Anstrengung auf sich nimmt, zuwenden. Verstärkt wird dieser positive Aspekt noch dadurch, da der Sprache die Eigenschaft zugesprochen wird, „ein Riegel fürs Feuer" zu sein. Feuer zerstört, Sprache hat die Macht, der Zerstörung Einhalt zu gebieten. Für Huchel besaß sie diese Macht „schon immer", doch liegt der Gedanke nahe, dass von dieser Macht z. B. im Dritten Reich kein Gebrauch gemacht, ja dass die

Sprache ist schwer zugänglich

Sprache kann Zerstörung verhindern

Sprache missbraucht wurde und dass man „nun“ noch tiefer graben muss, um zu ihr vorzudringen.

Auch im zweiten Teil des Gedichts wird das Steinmotiv fortgesetzt. Das Ich fordert sich selbst oder ein Gegenüber dazu auf, den „Felsen“ zu berühren, um in Kontakt mit der Sprache zu kommen, die darunter wohnt. Dass sie lebt, zeigt sich darin, dass „das starre Geäst der Metalle“ – an sich leblose Materie, der aber durch den Begriff Geäst Leben verliehen wird – „zittert“, sich bewegt. Die Grundvoraussetzung für eine Begegnung zwischen Ich und Sprache wäre also vorhanden. Allerdings folgt nun eine Wendung ins Negative („aber“): Es ist zu spät für diese Begegnung. Die Jahreszeit oder Lebenszeit des Dichters oder die historische Weltzeit lässt diese Begegnung nicht mehr zu. Es lauert eine Gefahr, die im Schlussbild des Gedichts deutlich wird, im „Fangnetz“. Es wird dem Dichter also nicht gelingen, die Sprache aus ihrer steinernen Wohnung zu befreien. Allerdings liegt der Grund hierfür nicht bei der Sprache, denn sie ist ja „nicht abgewandt“, sondern darin, dass der richtige Zeitpunkt für diese Begegnung, der Kairos sozusagen, „verstrichen“ ist. Das könnte auf biographischer Ebene gedeutet werden: Für Huchel, der unter den Maßnahmen der DDR-Behörden litt, ist es zu spät. (Huchel wurde 1962 gezwungen, die Leitung der Literaturzeitschrift „Sinn und Form“ abzugeben, weil er sich nicht liniengetreu genug zeigte. Von 1963 bis 1971 lebte er isoliert und überwacht in seinem Haus in Wilhelmshorst. 1971 wurde ihm nach Intervention des Internationalen Pen-Zentrums die Ausreise aus der DDR genehmigt.) Diese Erkenntnis, vielleicht als Konsequenz der persönlichen Erfahrungen voll Resignation und Bitterkeit, wird durch Bilder ausgedrückt, die spröder und weniger fließend wirken als bei Paul Celan. Das Gedicht ist allerdings leichter zu verstehen, weil die Beziehungen zwischen den jeweiligen Bildern und Gedichtteilen durch Verben festgelegt sind. Auch das Schlussbild ist deutlich: „Schatten“, „Fangnetz“ und „Unterholz“ vermitteln die Vorstellung von Bedrohung und Gefahr, die sowohl in persönlichem als auch in größerem existenziellem Zusammenhang gedeutet werden könnte.

Im Vergleich zu Paul Celan beschäftigt sich Huchel also weniger mit der Wirkung des Gedichts. Im Vordergrund

Sprache lebt im Stein

Unmöglichkeit der Begegnung zwischen Dichter und Sprache

Huchel: biographische Hintergründe

Schlussbild: Gefahr und Bedrohung

steht nicht die Frage, ob sein Gegenüber erreichbar ist, sondern sein Hauptproblem ist der Vorgang des dichterischen Schaffens selbst. Der Dichter muss sich jedes Wort mühsam abringen. Auch dadurch entsteht, wie bei Celan, ein Gefühl des Leidens, das aus der Spannung zwischen dem erwächst, was der Dichter erreichen will, und dem, was er erreichen kann.

Karl Krolow: „Robinson"

Das folgende Gedicht von Karl Krolow kleidet poetologische Fragen und Probleme in die Form eines Rollengedichts. Vergleichen wir, was der Dichter selbst zu seinem Gedicht zu sagen hat, mit der Interpretation eines bekannten Germanisten, in welcher die poetologische Aussage am Schluss vorsichtig angedeutet wird.

Karl Krolow

Robinson I

Immer wieder strecke ich meine Hand
Nach einem Schiff aus.
Mit der bloßen Faust versuche ich,
Nach seinem Segel zu greifen.
Anfangs fing ich
Verschiedene Fahrzeuge, die sich
Am Horizont zeigten.
Ich fange Forellen so.
Doch der Monsun sah mir
Auf die Finger
Und ließ sie entweichen.
Oder Ruder oder Kompaß
Brachen. Man muß
Mit Schiffen zart umgehen.
Darum rief ich ihnen Namen nach.
Sie lauteten immer
Wie meiner.

Jetzt lebe ich nur noch
In Gesellschaft mit dem Ungehorsam
Einiger Worte.

a) Karl Krolow: „Robinson“

„Robinson wurde – unter solchen Voraussetzungen und in einer solchen Gesellschaft von Vorgängern und Nachfolgern – das personifizierte Verlangen nach Kontakt und zugleich die Widerlegung einer derartigen Anstrengung: das Zurückfallen auf sich selbst, das Ausgeliefertsein dem eigenen Wesen. – So verstanden, gleicht der Verlauf des Gedichtes einer vergeblichen Geste, der vergeblichen Anstrengung, von sich loszukommen. Die Anstrengung freilich ist in einfache, unangestrengte Worte gekleidet, in unauffällige Worte, die Gewohnheiten wiedergeben, die Erfahrungen mitteilen […].

Robinson: Sehnsucht nach Kommunikation

Zunächst ein Versuch. Der Versuch, ‚mit der bloßen Faust‘ seine isolierte Lage zu ändern, indem man zum Nächstbesten greift, hier nach dem ersten Schiff, das am Horizont auftaucht und das man an sich ziehen möchte. Aber das dann doch – wie die folgenden – verlorengeht, durch die Finger schlüpft. Man rettet sich nicht aus seiner Isolation, indem man auf beliebigen und leichten Fang ausgeht (‚Ich fange Forellen so‘). Immer kommt einem etwas dazwischen: Monsun oder Ruderbruch und ausfallender Kompaß. Denn: ‚Man muß mit Schiffen zart umgehen.‘ Man kann seine Versuche nicht der bloßen Faust, dem schieren Zugreifen und der leichten, sich anbietenden Gewohnheit (als finge man Forellen) anvertrauen.

Versuch der Isolation zu entkommen

Man muß seine Empfindlichkeit mobilisieren, seine Sensitivität aufbieten. Man muß ‚zart umgehen‘, um dann allerdings zu erfahren, dass auch auf diese Weise wenig erreicht wird und man noch mit den zärtlichsten Zurufen, den sensibelsten Verbindungsversuchen auf sich verwiesen bleibt. Es scheint geradezu so, als wenn – ganz ohne Faustrecht und Lässigkeit, in der Behutsamkeit einer Kontaktnahme – man am hartnäckigsten auf die eigene Intention zurückfiele. Damit auch auf das Egoistische seines Versuchs, auf die Automatik eines solchen Egoismus. Einsamkeit der Eigenliebe.

Resignation
Imaginäres Bild

Die Folgen solchen Erkennens bringen die letzten Zeilen zur Sprache. Das erwähnte, gleichmütige Bescheidwissen ‚Jetzt lebe ich nur noch …‘ ist das resignierte Kenntnisnehmen von einer – erwarteten – Gesellschaft, in die man – im Zirkel der Isolation – gerät. ‚Gesellschaft mit dem Ungehorsam einiger Worte.‘ – Es wird nicht gesagt, ob es die eigenen Worte sind, um die es sich handelt. Aber es erübrigt sich wohl, dies festzustellen. Was sonst kann übriggeblieben sein als die Worte, die mit einem zu tun haben, die von einem kamen und widersetzlich auf einen zurückfallen, die nicht folgsam sind, vielmehr ungehorsam, die genug haben von der Bevormundung dessen, der sie machte. Die Worte als reizbare und unabhängige Lebewesen ‚in Gesellschaft‘ mit dem, dem sie kamen und der sie – ein für allemal – als seinesgleichen in seinem Besitz vermeinte, zu seiner Verfügung. Robinson bleibt so auch von diesen Worten verlassen, da er ihrer nun einmal nicht sicher ist, da sie Widerstand leisten. Aber er wird sich mit dieser Lage – wie mit allem anderen – einrichten müssen." (Zit. nach: Domin, Hrsg., *Doppelinterpretationen*, S. 153–155)

b) Benno von Wiese: „Robinson"

„Zunächst sieht es so aus, als ob Robinson nur nach Schiffen verlange, die ihn fortführen sollen. Aber dies wäre bereits ein bedenkliches Mißverständnis. Krolow, der den Dichter an einer anderen Stelle einmal einen ‚Zauberer' genannt hat, ‚dem eine ganze Welt der Imagination zur Verfügung steht', zaubert auch mit dem Wort ‚Schiff'. Es ist eine Metapher, die dennoch nur sich selbst bedeutet, es meint Gegenständliches und Irreales zugleich.

Robinson greift ‚mit der bloßen Faust' nach einem ‚Segel'. Das ließe sich noch als unreflektiertes, vitales Zugreifen nach einem Dinglichen verstehen; es mag nahe, es mag fern sein, sei es auch ein Zugreifen nur in der Phantasie. Eine solche Auslegung reicht jedoch nicht aus. Denn Robinson ‚fing' anfangs verschiedene Fahrzeuge, die sich am Horizont zeigten, er fing sie, wie er sonst Forellen gefangen hat. Bereits dieser Vergleich verschiebt das Bild ins Imaginäre; denn Schiffe lassen sich nicht wie Forellen mit der Hand greifen. Nähe und Ferne, Großes und Kleines, werden geradezu miteinander vertauscht; die verschiedenen Fahrzeuge am ‚Horizont' können nur als ferne und damit als relativ kleine vorgestellt werden, aber als eingefangene sind sie wiederum ganz nahe gerückt und bleiben doch klein. Krolows Schiff wird zu einer ‚Barke Phantasie'. So nannte er seine eigenen Übersetzungen französischer Lyrik. Insel und Meer, die Schiffe und Robinson, das alles verwandelt der Lyriker in eine phantastische Landschaft; sogar etwas von der Heiterkeit des Mühelosen scheint dabei mitzuschwingen […].

Vergeblicher Kommunikationsversuch zwischen Ich und Welt

Aber dieses Spiel mit den Schiffen hat auch seine Verluste. Damit wird es bedenklich. Es ist der vergebliche Versuch der Kommunikation mit einer Welt, die außerhalb des Ich, außerhalb seiner insularen Existenz ist. Schiff, Segel, verschiedene Fahrzeuge, Monsun, Ruder und Kompass, das sind die verschiedenen Spielarten, in denen Fernes nah, Nahes wiederum fern, Großes klein und Kleines groß wird; scheinbar Vertrautes, vielleicht auch Lockendes verfremdet sich ins Ungewisse, ja ins Unbekannte, Unerreichbare. Darin liegt das Mißlingen des Spiels. Warum mißlingt es? Robinson bleibt allein, das ‚Gefangene' entweicht oder ist zerstört. Eine Kernzeile des Gedichtes gibt Auskunft: ‚Man muß mit Schiffen zart umgehen', zart, d. h. hier offensichtlich nicht vital, nicht unreflektiert (‚mit der bloßen Faust'), sondern leiser, indirekter, geistiger. Wären reale Schiffe gemeint, so hätte diese Folgerung etwas Lächerliches. Aber Schiffe, das sind hier scheinbare Brücken zur Kommunikation, alles, was von außen kommt und gleitend vorüberzieht, alles also, was aus dem bloßen Ichsein herausführt oder herausführen könnte; es sind Schiffe der Phantasie, die trotzdem etwas Wirkliches intendieren. Hier gilt nicht Robustheit oder Gewalt, aber auch nicht das zwecklose Spiel, selbst dies ist nicht zart genug.

Bedeutung des Namens

Ein zweiter, neuer Weg bietet sich an. ‚Darum rief ich ihnen Namen nach.' Namen sind so wie Schiffe bei Krolow Metaphern, aber nicht solche, die etwas anderes bedeuten, sondern solche, in denen Weltinhalte bereits verwandelt erfahren werden. Namen wurden vom Menschen für die Dinge erfunden, mit ihnen sucht er die entgleitende, kaleidoskopartige Wirklichkeit festzuhalten, vielleicht sogar zauberisch zu bannen. Jedoch bleibt solches Tun des Geistes vergeblich. Im Gedicht ‚Worte' von Krolow heißt es:

Einsamkeit des Ich – Einsamkeit des Dichters

> Aber die Namen bleiben
> Im Ohr nur ein Gesumm
> Wie von Zikaden und Bienen,
> Kehren ins Schweigen um.

Hier, im ‚Robinson', lauten alle Namen, die er den Schiffen nachruft, immer nur wie sein eigener. Was aus der Introversion herausführen sollte, macht sie in Wahrheit erst voll sichtbar. Vielleicht sollten die Namen der Schiffe zum ‚Gehorsam', zur Umkehr, zur freiwilligen Gefangenschaft nötigen. Dann hätten die Namen eine magische Funktion. Vielleicht sollten die Schiffe durch Namen nur in die Zartheit eines neuen, geistigeren Umgangs aufgenommen werden. Wie dem auch sei, die Namen erreichen die Schiffe gar nicht, sie sind immer nur Robinson selbst, sie zerstören die Kommunikation mit dem Draußen, die sie eigentlich herbeiführen wollten.
Das Gedicht mündet in eine verrätselte, chiffrierte Aussage. Auf diese scheint es mir von Anfang an angelegt.

> Jetzt lebe ich nur noch
> In Gesellschaft mit dem Ungehorsam
> Einiger Worte.

Noch kann Robinson ‚ich' sagen, erst im dritten Robinson-Gedicht ist nur noch vom ‚Es' die Rede. Wer ist dieses Ich? Steht es abermals als Metapher, und zwar diesmal für den Dichter selbst, wenn auch in verschleierter, indirekter Weise? Hat doch gerade der Dichter es in erster Linie mit Sprache, mit Namen und Worten zu tun! Vielleicht hat der Dichter jedoch nur stellvertre-

tend Bedeutung für den Menschen unserer Zeit, für das des vitalen und geistigen Kontaktes mit der Welt beraubte Ich. Dann wäre das als Robinson sprechende Ich hier nicht ein beliebiges Modell, sondern Modell für das Alleinsein des Ich inmitten des nicht mehr verstandenen anderen.
Aber ganz allein ist Robinson jetzt noch nicht; er hat ‚Gesellschaft', Gesellschaft ‚einiger Worte'. Wohl aber lebt er in einer zerschlagenen Wirklichkeit, in einer geistigen und geisterhaften Welt. Vielleicht will er mit den Worten noch sein eigenes, rätselhaft gewordenes Dasein entziffern, aber die Worte gehorchen ihm nicht mehr, sie haben sich selbständig gemacht, sie werden dieses Ich am Ende ins Wortlose, ins Schweigen und ins Verstummen führen.
Modell Robinson: Irrt der Interpret, wenn er darin noch die gefährliche, isolierte Freiheit des modernen Dichters erkennt, dem im Spiel der entbundenen Phantasie alles zu Gebote zu stehen scheint und dem sich dennoch alles wieder entzieht bis zum unpersönlichen Auslöschen im ‚Es'?" (Zit. nach: Domin, Hrsg., *Doppelinterpretationen*, S. 35 ff.)

Ingeborg Bachmann: „Ihr Worte"

Die hier begonnene Sammlung und Gegenüberstellung von poetologischen Gedichten wäre mühelos fortzusetzen. Inzwischen dürften aber die wesentlichen Gemeinsamkeiten dieser Gedichte in ihren verschiedenen Ausprägungen klar geworden sein:

Gemeinsamkeiten poetologischer Gedichte

- das Leiden der Lyriker und Lyrikerinnen nach 1945 unter der Sprachnot;
- ihr intensiver Wille, dieses Leiden dennoch in Sprache umzusetzen;
- ihre schwankende Hoffnung darauf, dass die Wahrhaftigkeit der Sprache und damit deren Ausdruckskraft mit ihrer Hilfe in die Lyrik zurückkehren können;
- die unaufhörliche Auseinandersetzung mit den Fragen nach dem Sinn und der Funktion des Gedichts.

Abschließend sollen diese Punkte noch einmal an einem Gedicht von Ingeborg Bachmann zusammenfassend verdeutlicht werden. Es enthält ebenso viel Trauer und Zweifel wie Hoffnung und ist geeignet, einen Schluss zu bilden, der weder durch Bitterkeit verstellt noch durch zuviel Optimismus verfälscht wird.

Ingeborg Bachmann

Ihr Worte

Ihr Worte, auf; mir nach!,
und sind wir auch schon weiter,
zu weit gegangen, geht's noch einmal
weiter, zu keinem Ende geht's.

Es hellt nicht auf.

Das Wort
wird doch nur
andre Worte nach sich ziehn,
Satz den Satz.
So möchte Welt,
endgültig,
sich aufdrängen,
schon gesagt sein.
Sagt sie nicht.

Worte, mir nach,
daß nicht endgültig wird
– nicht diese Wortbegier
und Spruch auf Widerspruch!

Laßt eine Weile jetzt
keins der Gefühle sprechen,
den Muskel Herz
sich anders üben.

Laßt, sag ich, laßt.

Ins höchste Ohr nicht,
nichts, sag ich, geflüstert,
zum Tod fall dir nichts ein,
laß, und mir nach, nicht mild
noch bitterlich,
nicht trostreich,
ohne Trost
bezeichnend nicht,
so auch nicht zeichenlos –

Und nur nicht dies: das Bild
im Staubgespinst, leeres Geroll
von Silben, Sterbenswörter.

Kein Sterbenswort,
Ihr Worte!

Das Gedicht „Ihr Worte“ von Ingeborg Bachmann finden wir unter den Gedichten von 1957–61, also am Endpunkt ihrer lyrischen Produktion, als größtes und wichtigstes. Ihm folgt im Bereich der Lyrik nicht mehr viel, was die innere Konsequenz des hier Angesprochenen bestätigt. Denn das Gedicht lebt von Verneinungen, von „zu keinem Ende geht's“ in Z. 4 bis zu „Kein Sterbenswort, / Ihr Worte!“ als letzte Aufforderung. Die Absage an eine als verbraucht empfundene Sprache, die es dem Dichter nicht mehr ermöglicht, sein Anliegen überzeugend zu formulieren, bildet die Grundaussage des Gedichts. Doch wird sie noch nicht mit jener endgültigen Verhärtung formuliert, die Ingeborg Bachmann wenig später sich ganz vom Medium Lyrik abwenden ließ. Noch ist Bewegung in den Gedanken zu spüren, denn „zu keinem Ende“ bedeutet gleichzeitig in die Ziellosigkeit, ins Nichts und ins Offene, noch nicht Festgelegte, nicht Endgültige, das alle Möglichkeiten mit einschließt. Die Steigerung „weiter“, „zu weit“, „noch einmal weiter“ macht die fast übermenschliche Anstrengung deutlich, die in dieser Vorwärtsbewegung zu spüren ist, und bereits der erste Satz „Ihr Worte, auf; mir nach!“ enthält eine Aufforderung zum Handeln, zur Bewegung.

Absage an entleerte Sprache

Den Gedanken der Kritik an der Verhärtung der Sprache übermittelt auch die letzte Äußerung. „Kein Sterbenswort“ bedeutet: überhaupt kein Wort mehr, Schweigen. Dadurch, dass dieser Ausdruck auch im alltäglichen Sprachgebrauch als Redensart üblich ist, enthält diese Zeile indirekt Sprachkritik: Das Wort soll sich nicht als „Sterbenswort“; als verfestigte Redensart, gebrauchen lassen und dadurch seine Lebendigkeit verlieren.

Sprachkritik

Die neun Stropheneinheiten leben von der Spannung zwischen Sprache und Schweigen, zwischen Tun und Lassen. Die für sich stehende Zeile „Es hellt nicht auf“ (vgl. die auf S. 105 zitierte Äußerung aus den Frankfurter Vorlesungen: „Wenn wir die Suchlampen auslöschen und jede Beleuchtung abschalten, gibt die Literatur, im Dunkel und in Ruhe gelassen, wieder ihr eigenes Licht“) scheint Schluss zu machen mit aller Hoffnung auf metaphysischen Trost durch Worte auf ein wunderbares Licht, das den ursprünglichen Harmoniezustand des Menschen mit der Welt wiederherstellt. Aber wenn die-

Spannung zwischen Sprache und Schweigen

ses Aufhellen von oben nicht geschieht, so ist die Konsequenz, dass Aktivität auf einer anderen Ebene erfolgen muss. Man darf nicht geschehen lassen, was von selbst geschehen will: das Sich-Aufdrängen der Welt. „Sagt sie nicht“ bedeutet: verweigert euch dem Schon-Gesagten, das den Weg der wirklichen Kommunikation verbaut durch so unerschütterliche Extreme wie „Spruch und Widerspruch“.

Zur Nüchternheit wird aufgerufen in der fünften Strophe. Gefühle wurden seit der Romantik in der Sprache missbraucht, deshalb sollen sie schweigen, „eine Weile“ wenigstens, bis ihre Wahrheit wieder spürbar wird. Wenn das Herz als Muskel verstanden wird und nicht mehr als Sitz des Gefühls, ist das eine Mahnung dazu, konkreter zu denken und zu sprechen. In Z. 23 („Laßt, sag ich, laßt“) schwingt eine gewisse Ambivalenz mit: lassen bedeutet sowohl sein lassen, nicht tun (im Sinne von „lasst das bleiben!“) als auch etwas in Ruhe lassen, sodass es sich von selbst wieder entfalten kann.

Die siebte, lange Stropheneinheit bringt eine Fülle von Negationen. Das Wort „nicht[s]“ erscheint in neun Zeilen siebenmal. Dies deutet wiederum auf die radikale Abkehr von jener Art Sprache hin, die dem Dichter zur leichten und gewohnten Verfügung steht. Das „höchste Ohr“ – Gottes Ohr? – und der Tod sind Extreme in Bezug auf menschliche Erfahrungsmöglichkeit, auf die Wittgensteins Aussage zutrifft: „Worüber man nicht sprechen kann, darüber muss man schweigen.“ (Ingeborg Bachmann befasste sich intensiv mit Wittgensteins Sprachphilosophie.)

Verhältnis Bezeichnendes – Bezeichnetes

Trost wird suspekt, sobald er sich zu wortreich äußert und damit die Tiefe des Mitgefühls verschüttet. Die Forderung „bezeichnend nicht“, doch auch „nicht zeichenlos“ scheint auf den ersten Blick paradox, lässt aber doch noch Hoffnung aufscheinen auf die Möglichkeit einer Sprache, die nicht verhärtet, nicht abgegriffen, nicht eindeutig ist. Solange aber diese bessere Sprache nicht zur Verfügung steht, „kein Sterbenswort“. Worte nur dann, wenn sie nicht reduzieren und festlegen und damit verarmen, wenn sie wirklich sprachliches Erfassen der Welt bedeuten, nicht ein Verengen.

Einige Sätze aus Ingeborg Bachmanns Frankfurter Vorlesungen, die zur gleichen Zeit entstanden wie dieses

Gedicht, sollen die Interpretation zusammenfassen und vervollständigen.

> „Die Literatur aber, die selber nicht zu sagen weiß, was sie ist, die sich nur zu erkennen gibt als ein tausendfacher und mehrtausendjähriger Verstoß gegen die schlechte Sprache – denn das Leben hat nur eine schlechte Sprache – und die ihm darum ein Utopia der Sprache gegenübersetzt, diese Literatur also, wie eng sie sich auch an die Zeit und ihre schlechte Sprache halten mag, ist zu rühmen wegen ihres verzweiflungsvollen Unterwegsseins zu dieser Sprache und nur darum ein Ruhm und eine Hoffnung der Menschen. Ihre vulgärsten und preziösesten Sprachen haben noch teil an einem Sprachtraum; jede Vokabel, jede Syntax, jede Periode, Interpunktion, Metapher und jedes Symbol erfüllt etwas von unserem nie ganz zu verwirklichenden Ausdruckstraum.
> Im Lexikon steht: ‚Literatur ist gleich Gesamtheit der schriftlichen Geisteserzeugnisse.' Aber diese Gesamtheit ist zufällig und unbeendet, und der Geist darin ist uns nicht nur schriftlich gegeben. Wenn wir die Suchlampen auslöschen und jede Beleuchtung abschalten, gibt die Literatur, im Dunkel und in Ruhe gelassen, wieder ihr eigenes Licht, und ihre wahren Erzeugnisse haben die Emanation, aktuell und erregend. Es sind Erzeugnisse, schimmernd und mit toten Stellen, Stücke der realisierten Hoffnung auf die ganze Sprache, den ganzen Ausdruck für den sich verändernden Menschen und die sich verändernde Welt. Was wir das Vollendete in der Kunst nennen, bringt nur von neuem das Unvollendete in Gang." (Bachmann, *Werke*, Bd. 4, S. 268)

Der „schlechten Sprache des Lebens" die „Utopia der Sprache" entgegenzusetzen, die Hoffnung auf das „eigene Licht" der Literatur, wenn „nichts (mehr) aufhellt" – dieser positive Deutungsansatz scheint trotz aller Negationen noch in diesem Gedicht enthalten zu sein.

Zusammenfassung

Zur poetologischen Grundposition des 18. und 19. Jahrhunderts, wo sich der Dichter zum großen Teil fraglos als „Sänger“ innerhalb von ungebrochenen Zusammenhängen versteht, ist nach 1945 ein Bruch mit der Wirklichkeit festzustellen, der sich schon im Expressionismus andeutet. Neue Energie schöpft der Dichter jetzt aus momentaner Faszination des „berauschenden“ Worts (**Benn**).

Eine weitere Strömung, der der DDR-Lyriker **Peter Huchel** angehört, verarbeitet das Bewusstsein existenzieller Bedrohung poetisch. **Karl Krolow** versteht, stellvertretend für andere Kollegen, den Dichter als isoliert von der ihn umgebenden Wirklichkeit und findet in dieser Isolation neue Freiheit. Bei allen Lyrikern und Lyrikerinnen, besonders auch bei **Ingeborg Bachmann**, wird die Utopie einer wirkungsvollen dichterischen Sprache einer verbrauchten Alltagssprache entgegengestellt.

Die Nähe zur Sprachlosigkeit wird bei **Paul Celan** spürbar, in dessen Werk der Dialogcharakter des sich in ständiger Bewegung befindlichen lyrischen Sprechens große innere Lebendigkeit schafft.

Konkrete Poesie

Einleitung

Ein Abriss der Entwicklung der Lyrik von 1945 bis 1960 wäre nicht vollständig ohne einen kurzen Verweis auf die „Konkrete Poesie", denn in ihr setzen sich Tendenzen fort, die in den vorhergehenden Kapiteln schon angesprochen und erklärt wurden.

Grenzen der Lyrik nach 1945

Besonders bei der Behandlung der poetologischen und der hermetischen Gedichte zeigte sich, dass moderne Lyrik an Grenzen des Sagbaren stößt. Da ist zunächst die Grenze zwischen dem, was noch gesagt werden kann oder soll, und dem Schweigen. Konkrete Poesie zieht aus diesen Schwierigkeiten radikale Konsequenzen. Gedichte sollen nicht mehr bestehende Wirklichkeit wiedergeben oder Wirklichkeitserfahrungen eines lyrischen Subjekts zum Ausdruck bringen, sondern es soll versucht werden, mit Hilfe der Sprache eine ganz neue Art von Wirklichkeit herzustellen.

Reduzierung der Sprache auf ihre Grundbestandteile

Dies geschieht, indem die Sprache in ihrer optischen und akustischen Wahrnehmungsform im Vordergrund steht und dabei auf ihre Grundbestandteile reduziert wird: Laut, Schriftzeichen und Wort, deren gewohnte Kombinationen zu allgemein verständlichen syntaktischen Figuren aufgehoben und durch neue Kombinationen ersetzt werden, in denen die vertrauten Regeln der Grammatik keine Rolle mehr spielen. Auch die Dichter der Konkreten Poesie versuchen also, die Sprache von der Last erstarrter Vorurteile und Unwahrheiten und von zu eindeutig festgelegten Beziehungen zwischen Bezeichnendem und Bezeichnetem zu befreien – ein Ziel, das u. a. bei Günter Kunert und Hilde Domin ausdrücklich formuliert und von Paul Celan in seinen Gedichten praktiziert wurde. Allerdings geht die Konkrete Poesie noch einen Schritt weiter, denn sie zieht

> „die äußerste Konsequenz, wenn sie das Sprachproblem in den Mittelpunkt der dichterischen Praxis stellt. Dies dient nicht mehr der sprachkünstlerisch vermittelten Erkenntnis außersprachlicher Wirklichkeiten und

Sprache vermittelt nicht mehr Erkenntnis außersprachlicher Wirklichkeit

Sinnzusammenhänge, vielmehr besteht ihre spezifische Funktion nun darin, eine Art Selbstbegegnung der Sprache zu stiften, eine zugleich kritische wie kreative Selbstüberprüfung, von der man sich noch einmal die Chance einer Regeneration menschlichen Sprechens erhofft […]. Gomringers Definition: ‚konkret dichten heißt […] bewußt mit sprachlichem material dichten' trifft eigentlich auf jede artistische Literatur zu; zum Kernsatz konkreter Lyrik wird sie, wenn das Mit-sprachlichem-Material-Dichten im Sinne der völligen Materialisation oder Verdinglichung der Sprache verstanden wird. Eben dies ist ja mit der Bezeichnung ‚konkret' gemeint. Die Materialität der Sprache ist zum eigentlichen Gegenstand des dichterischen Prozesses gemacht." (Knörrich, 1978, S. 193)

Materialität der Sprache wird eigentlicher Gegenstand des Gedichts

Keine eindeutige Beziehung zwischen den Worten

Das Ziel experimenteller Poesie liegt also darin, die Sprache aus ihren alten Fesseln zu lösen, sie zu destruieren, um sie vielleicht so zurückgewinnen zu können „als eine Sprache, die nicht mehr Vehikel ist, Objekt und Instrument, sondern Medium, in dem Ich und Welt sich treffen und sich artikulieren." (Heinrich Vormweg, Briefpartner Helmut Heißenbüttels, zit. nach: Knörrich, S. 295). In diesem Zitat äußert sich Hoffnung auf eine Zeit, in der das sprachliche Erfassen der Welt nicht mehr zum fast unüberwindlichen Problem wird.

Eugen Gomringer: „vielleicht"

Drei von vielen möglichen Beispielen sollen im Folgenden besprochen werden. Sie stammen von Eugen Gomringer und Helmut Heißenbüttel, den Begründern der Konkreten Poesie, und von Ernst Jandl. Das Erscheinen von Gomringers „konstellationen" 1953 markiert den Anfangspunkt Konkreter Poesie. „Konstellation" definiert Gomringer so:

> „Unter Konstellation verstehe ich die Gruppierung von wenigen, verschiedenen Worten, so daß ihre gegenseitige Beziehung nicht vorwiegend durch syntaktische Mittel entsteht, sondern durch ihre materielle, konkrete Anwesenheit im selben Raum. Dadurch entstehen statt der einen Beziehung meist deren mehrere in verschiedenen Richtungen, was dem Leser erlaubt, in der vom Dichter (durch die Wahl der Worte) bestimmten

> Struktur verschiedene Sinndeutungen anzunehmen und auszuprobieren. Die Haltung des Lesers der Konstellation ist die des Mitspielenden, die des Dichter die des Spielgebenden." (Zit. nach: H. Hartung, *Deutsche Lyrik seit 1965*, München: Piper 1985, S. 152 f.)

Spielcharakter

Beziehung von Worten ohne Syntax

Unter diesem Aspekt lohnt es sich, folgendes Gedicht etwas genauer zu betrachten.

Eugen Gomringer

vielleicht

vielleicht baum
baum vielleicht

vielleicht vogel
vogel vielleicht

vielleicht frühling
frühling vielleicht

vielleicht worte
worte vielleicht

Zwei wichtige Punkte aus dem obigen Zitat können an diesem Gedicht veranschaulicht werden. Der erste ist die Beziehung der Worte zueinander, die „nicht durch syntaktische Mittel entsteht."

In vier Abschnitten (man kann diese Einheiten kaum noch als Strophen bezeichnen) werden fünf Wörter zueinander in Beziehung gesetzt. Dabei handelt es sich um vier Substantive und ein Adverb, „vielleicht", das in jedem Abschnitt, jeweils mit einem Substantiv kombiniert, zweimal vorkommt. Es fehlen also Verben und damit eine traditionelle Satzstruktur, doch bilden die einander zugeordneten Worte trotzdem, wenn auch nur andeutungsweise, einen Sinnzusammenhang: „vielleicht baum" scheint vorsichtig und zögernd gesprochen zu sein; eine Möglichkeit wird in Erwägung gezogen, wie auch schon in der Überschrift, die bereits das ganze Gedicht in Frage stellt.

Dadurch, dass die Worte in der zweiten Zeile in umgekehrter Reihenfolge wiederholt werden (Chiasmus), wird das Angedeutete sogar noch einmal abgeschwächt, es scheint noch mehr außer Reichweite zu rücken. Doch gleichzeitig weiß der Leser, dass „baum", einmal ausgesprochen, nun existiert, das Wort ist „konkret", es ist gedruckt, gesagt worden und deshalb nun vorhanden. Dabei ist nicht ein bestimmter, real beobachtbarer Baum gemeint, sondern die Idee vom Baum, das, was alle Bäume gemeinsam haben, eine Abstraktion also, die sich aber in den Augen des Lesers jederzeit ins Konkrete verwandeln kann.

Ein gedrucktes Wort ist „konkret"

Die nächsten beiden Abschnitte reihen zwei weitere, gleichfalls gesetzte und dann wieder in Frage gestellte Begriffe an den ersten: Wenn „baum" möglich ist, dann „vielleicht" auch „vogel" und „frühling". Nun sind Baum, Vogel und Frühling schon seit dem Mittelalter beliebte Versatzstücke der Lyrik. Doch während sie dort in einen Wirklichkeitszusammenhang eingebettet sind, werden sie hier einfach nur genannt, und zwar skeptisch und aus der Distanz, sodass die Beziehungen zwischen ihnen zwar geahnt werden können, aber gleichzeitig völlig offen bleiben.

Versatzstücke der Lyrik

Ein Bruch entsteht vor dem letzten Abschnitt, denn der erahnte innere Zusammenhang scheint hier nicht eingehalten: Erstens ist „worte" ein Begriff aus einem ganz anderen Bereich als „baum", „vogel" und „frühling", und zweitens wird dem dreimaligen Singular nun ein Plural entgegengesetzt. Bei der Deutung dieses letzten Abschnittes wird der zweite Punkt aus Gomringers Äußerung erkennbar:

> „[…] mehrere Beziehungen in verschiedenen Richtungen […] verschiedene Sinndeutungen".

Verschiedene Deutungsmöglichkeiten
– negativ
– positiv

Man könnte den letzten Abschnitt entweder negativ oder positiv deuten. Die negative Deutung wäre so zu formulieren: „baum", „vogel" und „frühling" sind „vielleicht" nur Worte – leere Worte ohne Inhalt. Dies würde bedeuten, dass das Gedicht die bekannte Sprachskepsis äußert, indem es die vorsichtig formulierten Begriffe radikal in Frage stellt.

Eine positive Deutung jedoch würde Hoffnung ausdrücken: die Hoffnung darauf, dass „baum", „vogel" und „frühling" vielleicht wieder als poetische Worte dienen können, allen Unrats entledigt, zwar wohl nicht mehr im Sinne von Benns „Ein Wort –, ein Glanz, ein Flug, ein Feuer", doch, etwas bescheidener, wie bei Krolow

Klärung von Verständnisschwierigkeiten

„[…] Bleiben als Quittenduft“. Der Leser kann und soll diese beiden Deutungsmöglichkeiten „ausprobieren“, mit ihnen spielen; eine eindeutige Sinngebung würde den Intentionen des Autors zuwiderlaufen.

Helmut Heißenbüttel: „Lehrgedicht über die Geschichte 1945“

Lehrgedicht über Geschichte 1954

1 die Ereignisse und das nicht Ereignete
2 Epochen Zeiteinteilungen Dynastien
3 ausgestorbene Städte ausgestorbene Völker Völker auf dem Marsch Marschkolonnen und Napoleon an der Beresina
4 Kanzelreliefs von Giovanni Pisano Nietzsches Ecce Homo und Kazets
5 l’empire de la majorité se fonde sur cette idée qu’il y a plus de sagesse dans beaucoup d’hommes que dans un seul (Tocqueville)
6 die Erinnerung an die Stimme Adolf Hitlers im Radio Symphonie für 9 Instrumente opus 21 1928 von Anton Webern und ich habe niemals so lange Zeilen gemacht
7 Piero della Francesca und der Rauch des Dezemberhimmels
8 Rekapitulierbares
9 Rekapitulierbares dies ist mein Thema
10 Rekapitulierbares dies ist mein Thema
11 Rekapitulierbares dies ist mein Thema

12 nicht Rekapitulierbares

Worterläuterungen

Z. 3 **Beresina**: rechter Nebenfluss des Dnjepr östlich von Minsk. 1812 verlor Napoleon beim Versuch, diesen Fluss auf dem Rückzug von Moskau zu überqueren, einen Großteil seines Heeres.

Z. 4 **Giovanni Pisano**: italienischer Bildhauer, der zwischen 1297 und 1312 u. a. in Pisa Kanzeln gestaltete, auf denen z. B. der Kindermord von Bethlehem und die Kreuzigung Jesu als Motive zu finden waren.
Nietzsches Ecce Homo: „Ecce homo“ heißt: „Sehet, welch ein Mensch“ und ist zu finden im Johannesevangelium

19,5. Dort sagt Pilatus diesen Satz angesichts des dornengekrönten und verhöhnten Jesus. Nietzsche machte diesen Ausspruch zum Titel einer 1888 verfaßten autobiographischen Schrift. Mit Nietzsches Aufhebung christlicher Moralbegriffe und seinem Entwurf des „Übermenschen" setzt sich Heißenbüttel auch in anderen Schriften auseinander. Er stellt dabei fest: „Ein halbes Jahrhundert später werden ihn [Nietzsche] die Übermenschen des SS-Systems als Begründer der neuen Wertordnung der Vernichtung beim Wort nehmen." (Zit. nach: Rudolf Drux, „Historisches als Sprachmaterial. Helmut Heißenbüttels ‚Lehrgedicht über Geschichte 1954'", in: *Gedichte und Interpretationen*, Bd. 6: *Gegenwart*, hrsg. von Walter Hinck, Stuttgart: Reclam, 1982, S. 163).
Kazet: Phonetische Schreibweise für KZ.

Z. 5 **Tocqueville**: Alexis de Tocqueville, französischer Staatstheoretiker (1805–1859). Die Übersetzung seines Satzes lautet: „Die Herrschaft der Mehrheit ist auf der Idee gegründet, dass viele Menschen mehr Weisheit besitzen als ein einzelner."

Z. 6 **Anton Webern**: österreichischer Komponist (1883–1945); führte die Zwölftonmusik Arnold Schönbergs fort und erneuerte die Kompositionstechnik des 20. Jahrhunderts grundlegend. In seiner Musik hört man keine Melodien mehr, aus rhythmischen und aus Tonfolgen bestehenden „Serien" entstehen atonale musikalische Gebilde.

Z. 7 **Piero della Francesca**: italienischer Maler der 15. Jahrhunderts; schuf Fresken und Tafelbilder in leichter, zarter Farbigkeit.

Intertextualität

Wie sollen wir nun diese Aneinanderreihung von Versatzstücken verstehen? Heute würde man dieses Gedicht vielleicht als Beispiel für das Phänomen der Intertextualität bezeichnen:

> „**Intertextualität**: Wechselbeziehungen zwischen einem literarischen Text und vorhergehenden Texten aus der Literaturgeschichte. Bewusster Rückgriff auf bekannte Zitate, Muster und Motive aus Werken der Literatur; Verwendung von Zitat- und Montagetechniken." (Zit. nach: *Tradition. Zitat. Pluralität.* Thema Deutsch: Postmoderne, erarbeitet von Peter Söllinger, Leipzig 2003, S. 30)

In der engen Restaurationszeit der Adenauer-Ära, die z. B. Ingeborg Bachmanns Lyrikproduktion zum Erliegen brachte und in der Paul Celans Poesie sich dem Verstummen näherte, begann auch Helmut Heißenbüttel mit einer ganz neuen, am Dadaismus orientierten Art des Dichtens. Dadurch, dass er die Grammatik außer Kraft setzt, will er neue Bedeutungshöfe und neue Möglichkeiten der Realitätserfahrung freilegen. Mit Jandl und Gomringer verbinden ihn der sprachexperimentelle Charakter seiner Poesie und die Absicht, aus den erstarrten Formen überkommener Lyriksprache auszubrechen und das Material der Dichtung, die Sprache selbst, in den Mittelpunkt zu stellen. Der Zusammenhang zwischen Realität, Wahrnehmung und Sprache wird grundsätzlich bezweifelt, und durch die Lyrik wird pointiert Gesellschafts- und Kulturkritik geübt.

Die Gattungsbezeichnung „Lehrgedicht" in der Überschrift, die nicht vom Gedicht selbst abgesetzt ist, zeigt bereits den distanzierten, vielleicht spielerischen Umgang mit der Tradition, deutet aber auch an, dass sich Heißenbüttel mit der von Brecht begründeten politisch engagierten Lyrik identifiziert. „Lehrgedichte" wurden vor allem in der Antike geschrieben und waren Zeugnis eines ungebrochenen Menschenbildes, innerhalb dessen der Mensch in den verschiedensten Bereichen (Philosophie, Theologie, aber auch Jagen oder Fischen) durch Literatur, speziell Lyrik, als anleitbar verstanden wurde. Diese Vorstellung erscheint uns in der heutigen Welt der Spezialisierung fast absurd. So spielt Heißenbüttel denn auch mit dieser Gattung, ganz dem Programm der experimentellen Poesie entsprechend. Sein Gebiet der Belehrung ist die Geschichte, was bereits eine politisch-kritische Absicht verrät, und zwar Geschichte, wie er sie aus dem Blickwinkel des Jahres 1954 sieht.

Tradition des Lehrgedichts

Dementsprechend haben wir ein Gedicht vor uns, das bereits von der äußeren Form her provoziert: acht teilweise so lange Zeilen, dass sie mehr als die Satzbreite einer Druckseite beanspruchen; nach einer Leerzeile folgen dreimal wiederholt die gleiche Zeile und zum Schluss noch die Verneinung des Subjekts dieser drei Zeilen.

Ungewöhnliche äußere Form

Satzzeichen, Reime oder ein erkennbares Metrum gibt es nicht. In der Mitte erscheint ein französischer Satz, es werden zahlreiche Namen genannt, die sich teilweise dem Allgemeinwissen entziehen, in der Mehrzahl je-

doch dem bildungsbürgerlichen Wissensschatz entstammen (vgl. die obigen Erläuterungen).
Heißenbüttel formulierte in seinen „Frankfurter Vorlesungen über Poetik“ 1963 ein entsprechendes Konzept, als er von der „sprachlichen Halluzinatorik multipler Welten“ sprach. Dadurch, dass die Verweise auf fremde Texte oder Werke aus den verschiedensten Kulturbereichen und Jahrhunderten, seien sie nun der Literatur, der bildenden Kunst, der Musik oder der politischen Rede zuzuordnen („Hitlers Stimme im Radio“), nicht durch grammatikalische Satzmuster geordnet, sondern nur in einer Aufreihung nebeneinander gestellt sind, werden ihre Beliebigkeit, ihre Wertneutralität und ihre Heterogenität betont. Betrachtet man den Titel unter diesem Gesichtspunkt, so wird seine Ironie deutlich: Belehren kann ein so konstruierter Text nur insofern, als er die Unbelehrbarkeit thematisiert.

Zusammenhang der Unbelehrbarkeit

Betrachtet man nun das Gedicht genauer, so ergibt sich trotz der scheinbaren Zerstückelung in einzelne „Geschichtssplitter“ ein innerer Zusammenhang, der auf eben jene Unbelehrbarkeit verweist. Der erste Teil des Gedichts enthält kein Verb, was der Intention entspricht, die Sprache aus ihrem grammatikalischen Zusammenhang herauszulösen. Nur die Reihenfolge der genannten Begriffe enthält eine implizite Bewertung: Der allgemeine Terminus „Ereignisse“, der dem Titelbereich der Geschichte zuzuordnen ist, wird sofort mit seinem Gegenteil zusammengespannt und somit einer gewichtigen oder gar sinnvollen Deutung enthoben. Die folgenden Begriffe gehen vom Allgemeinen immer mehr zum Besonderen und enthalten einen assoziativen Zusammenhang, der sich mehr und mehr zum Negativen wendet: Zerstörung, Flucht und Leiden werden zuerst direkt durch das Adjektiv „ausgestorben“, dann indirekt thematisiert, denn mit Napoleon an der Beresina verbindet man das Wissen um eine verheerende Niederlage, die unzählige Menschenopfer forderte. Das auf den Kanzelreliefs abgebildete Leiden unschuldiger Kinder und das im Zusammenhang mit Nietzsche angedeutete Leiden Christi sowie das der Juden unter den Nazis, verstärkt hervorgerufen durch das Ende der Zeile, „Kazets“, ist dem Leser ohne Vorabinformation nicht mehr unmittelbar zugänglich. Die Verfremdung gipfelt in dem französischen Satz, dessen Inhalt durch die Montage an dieser Stelle völlig ironisierend wirkt, da die zuvor genannten Ereignisse, allen voran der Nazigräuel, dem Sinn dieses Satzes (siehe Übersetzung oben) krass widersprechen.

Rolle des sprechenden Ich

Erst in Z. 6 wird ein Ich eingeführt, das seine eigene Art zu schreiben ironisch kommentiert, als wäre es verwundert, was der Schreibprozess mit ihm angestellt hat. Es nennt deutlich persönliche Erinnerungen, die sich auf einen Text aus der Nazizeit, eine Hitlerrede, beziehen, aber auch auf die Musik, eine ganz andere Art von Text, der sich in seiner abstrakten Schönheit allem Machtanspruch entzieht, wie auch die Bilder des alten Malers. Die Offenheit des Satzbaus lässt Mehrdeutigkeiten zu: Die Ortsbestimmung „im Radio“ wird zwischen zwei Hörerinnerungen geschoben, sodass die Tatsache, dass die Wirkungen der beiden gehörten Sendungen einander paradox gegenüberstehen, durch die Sprache zwar aufgehoben, dem Leser aber durch diese Unstimmigkeit umso mehr ins Bewusstsein gerückt wird. Ob der „Rauch des Dezemberhimmels“ mit den „Kazets“ in Verbindung zu bringen ist, bleibt beliebig, ist aber durch assoziatives Denken zu begründen.

Mögliche Deutung

Der Schluss des Gedichts besteht aus fünf Zeilen, die eine eigene Einheit bilden. In Z. 12 wird Z. 8 negiert und dadurch einem Bedeutungszusammenhang enthoben. Der Sprecher weist am Gedichtende auf seine schriftstellerische Tätigkeit hin. Durch die leiernde – oder emphatische? – dreimalige Wiederholung kommt die Frage auf, warum sich das lyrische Ich so penetrant seines Tuns vergewissern muss. Möglicherweise deshalb, weil „nicht Rekapitulierbares“, das menschliche Leiden vielleicht, die Geschichte prägt und all das, worüber man schweigen muss, den größeren Teil der Geschichte bildet, über den zu belehren sinnlos wäre, da er sich stets wiederholt. Wenn durch diese Lesart doch eine Art von Deutung entsteht, so ist dies angesichts des Titels sicher gerechtfertigt, denn, anders als in vielen rein sprachspielerischen „konkreten“ Gedichten, nimmt sich Heißenbüttel durch seinen Titel ein Programm vor, das solche Reflexionen erlaubt.

Ernst Jandl: „1944 1945"

Piktogramm

Nach Heißenbüttels komplizierten „Lehrgedicht" von 1956 soll Ernst Jandl uns noch einmal historisch um zehn Jahre zurückführen in die unmittelbare Nachkriegszeit. Sein Gedicht enthält, abgesehen von der in Klammer gesetzten Bewertung am Schluss, nur zwei Worte und könnte als Piktogramm zu verstehen sein, als eine Textanordnung, deren „Erscheinungsbild absichtlich abbildende Umrisse hat" (Definition von Eugen Gomringer). Die beiden Jahreszahlen über den Wörtern suggerieren nämlich die Form eines Kalenders. Der zeitliche Ausschnitt umfasst zwölf Monate des Jahres 1944 und fünf des Jahres 1945. Doch finden wir nicht wie beim normalen Kalender Monatsnamen, sondern stattdessen nur das Wort „krieg". Dies könnte signalisieren, dass vor dem Krieg keine Jahreszeit und überhaupt keine andere Wahrnehmung Bedeutung oder Bestand hat. Erst bei Kriegsende (8. Mai 1945) wird der Monat wieder wahrgenommen. Das Wort „mai" steht überraschend als fünftes Kalenderblatt auf der rechten Seite.

Ernst Jandl

1944	1945
krieg	krieg
krieg	krieg
krieg	krieg
krieg	krieg
krieg	mai
krieg	
krieg	
krieg	
krieg	
krieg	
krieg	
krieg	

(markierung einer wende)

Nachdem man sechzehnmal das Wort „krieg“ gelesen hat und weiß, dass man die Jahre 1939–1943 eigentlich noch davorschalten müsste, hat man ganz vergessen, dass der Kalender eigentlich aus Monatsnamen bestehen müsste, die im Wechsel der Jahreszeiten, Feste und Feiertage den seit Urzeiten tradierten Rhythmus menschlicher Lebensgestaltung symbolisieren. Wenn ausgerechnet der Mai als erster Monat genannt wird, in dem das normale Leben wieder aufgenommen wird, so ist dies umso eindrucksvoller, denn der Mai als Wonne- und Liebesmonat steht für das Erwachen der Natur, für Neubeginn und Hoffnung. Ob die in Klammern gesetzte, also bewusst als nebensächlich nachgestellte „markierung einer wende“ ironisch zu verstehen ist, bleibt nach den freien Spielregeln der Konkreten Poesie dem Leser selbst überlassen. Es entstünde in diesem Fall eine Brechung, die signalisiert, dass die zunächst als befreiend empfundene Veränderung letztlich nicht halten konnte, was sie versprach, und dass die innere Wende der Erkenntnis und Verarbeitung noch auf sich warten lässt. Dabei handelt es sich jedoch nicht um eine zwingende Deutung, sondern lediglich eine Möglichkeit, das Gedicht in ähnlicher Weise zu verstehen wie die Gedichte von Kunert und Fried im Kapitel „Politische Lyrik“.

Zusammenfassung

Bei der Konkreten Poesie stehen die optische und die akustische Wahrnehmung der Sprache im Vordergrund. Die Regeln der Grammatik und der Syntax sind meist aufgehoben, Gegenstand des dichterischen Prozesses ist die verdinglichte Sprache selbst, wie z. B. bei **Gomringer**.

Der Beziehungsreichtum der Worte ermöglicht verschiedene Sinndeutungen. So wird in extremer Sprachskepsis, aber auch mit Spielfreude die Hoffnung auf eine entschlackte Wirkung des poetischen Wortes ausgedrückt. Ein konkretes Gedicht kann trotzdem noch Träger einer politischen Botschaft sein, wie dies bei **Heißenbüttel** und **Jandl** der Fall ist.

Verzeichnis der Autoren, Gedichttitel bzw. -anfänge, Prosazitate und Quellen

Literaturhinweise

Anthologien und Materialsammlungen

Conrady, Carl Otto: Das große deutsche Gedichtbuch. Frankfurt a. M.: Athenäum, 1978.
Kopfermann, Thomas (Hrsg.): Lyrik der Nachkriegszeit 1945–1960. Stuttgart: Klett, 2005. (Editionen mit Materialien.) [Zit. als: Materialien, 2005.]
Steinbach, Dietrich (Hrsg.): Experimentelle und Konkrete Poesie – Vom Barock zur Gegenwart. Stuttgart: Klett, 1981. (Editionen mit Materialien.)
Werner, Rainer: Unterrichtsideen. Lyrik in der Sekundarstufe II. Stuttgart: Klett, 2001.

Gesamtdarstellungen

Knörrich, Otto: Die deutsche Lyrik seit 1945. Stuttgart: Kröner, 1978.
Weissenberger, Klaus: Die deutsche Lyrik 1945–1975. Düsseldorf: Bagel, 1981.

Zu einzelnen Autoren

Chalfen, Israel: Paul Celan, Eine Biographie seiner Jugend. Frankfurt a. M.: Suhrkamp, 1983.
Fritz, Walter Helmut (Hrsg.): Über Karl Krolow. Frankfurt a. M.: Suhrkamp, 1972.
Mayer, Hans (Hrsg.): Über Peter Huchel. Frankfurt a. M.: Suhrkamp, 1973.
Meinecke, Dietlind (Hrsg.): Über Paul Celan. Frankfurt a. M.: Suhrkamp, 1973.
Menninghaus, Winfried: Paul Celan. Magie der Form. Frankfurt a. M.: Suhrkamp, 1980.
Müller-Hanpft, Susanne (Hrsg.): Über Günter Eich. Frankfurt a. M.: Suhrkamp, 1970.
Vieregg, Axel (Hrsg.): Peter Huchel. Frankfurt a. M.: Suhrkamp, 1986.

Interpretationen

Binneberg, Kurt: Deutsche Lyrik 1945–1989. Stuttgart: Klett, 2005. (Klett Interpretationshilfen.)
Domin, Hilde (Hrsg.): Doppelinterpretationen, Frankfurt a. M.: Fischer Taschenbuch Verlag, 1973.
Hartung, Harald (Hrsg.): Gedichte und Interpretationen. Bd. 5: Vom Naturalismus bis zur Jahrhundertmitte. Stuttgart: Reclam, 1983.
Hinck, Walter (Hrsg.): Gedichte und Interpretationen. Bd. 6: Gegenwart. Stuttgart: Reclam, 1982.
Knopf, Jan (Hrsg.): Interpretationen. Gedichte von Bertolt Brecht. Stuttgart: Reclam, 1995.
Korte, Hermann: Lyrik von 1945 bis zur Gegenwart. München: Oldenbourg, 1996.
Reich-Ranicki, Marcel: Frauen dichten anders. 181 Gedichte mit Interpretationen. Frankfurt a. M.: Insel, 2002.
Vogel, Harald/Gans, Michael: Rose Ausländer – Hilde Domin. Gedichtinterpretationen. Hohengehren: Schneider Verlag, 1996.

Prüfungsaufgaben und Lösungen

1. Aufgabe

Vergleichen Sie Christa Reinigs Gedicht „Mein besitz“ in Bezug auf Form und Inhalt mit Günter Eichs Gedicht „Inventur“ (S. 23).
Versuchen Sie die unterschiedlichen Entstehungsdaten (1945/46 und 1963) mit dem Inhalt in Zusammenhang zu bringen.

Christa Reinig

Mein besitz

Ich habe einen mantel in die jackentasche zu stecken
einen taschenmantel
ich habe ein radio in die jackentasche zu stecken
ein taschenradio
ich habe eine bibel in die jackentasche zu stecken
eine taschenbibel
ich habe gar keine solche jacke mit taschen
gar keine jackentasche

ich habe eine schnapsflasche mit zwölf gläsern für mich
und alle meine onkels und tanten
ich habe eine kaffeekanne mit vier tassen für mich
und meine drei besten freundinnen
ich habe ein schachbrett mit schwarzen und weißen steinen für mich
und einen freund
ich habe gar keine freunde einzuladen
niemanden

ich habe einen Himmel endlos über mir
darunter mich wiederzufinden
ich habe eine stadt voll straßen endlos
darin mir zu begegnen
ich habe ein lied endlos und endlos
darin ein- und auszuatmen
ich habe nicht mehr als ein gras zwischen zwei pflastersteinen
nicht mehr zu leben

Lösungen

- **Form**
  Reinig: 3 achtzeilige Strophen, regelmäßiger Wechsel von langen mit kurzen Zeilen.
  Eich: 7 vierzeilige Strophen, die alle nur zwei Hebungen aufweisen.
- **Wirkung**
  Reinigs Gedicht erscheint mehr wie ein dahingesprochener Text, Eichs Gedicht wirkt liedhafter und rhythmischer.
- **Satzbau**
  Reinig: Alle Sätze beginnen gleich: „Ich habe [...]".
  In Strophe 1 sind die Kurzzeilen Appositionen. In Strophe 2 ergänzen sie die Präpositionalphrase „für mich" durch „und". In Strophe 3 ergänzen sie die Ortsbestimmung durch einen Relativsatz. Keine Enjambements. Jeweils im 4. Satz der Strophe ist eine Verneinung zu finden.
  Eich: Fast alle Sätze sind verschieden gebaut; viele Enjambements.
- **Wirkung**
  Reinigs Gedicht wirkt monotoner, gelangweilter. Die Zurücknahme in der Verneinung lässt eine negative Grundstimmung entstehen.
  Eichs Gedicht enthält eine innere Entwicklung.
- **Wortwahl und Wirkung**
  In beiden Gedichten werden Besitzgegenstände des Alltags aufgezählt. Reinigs „Ich habe" klingt selbstsicherer als Eichs „Dies ist". Die bei ihr aufgezählten Gegenstände entstammen einem zufriedenen bürgerlichen Leben. In der letzten Strophe geht Reinig über Gebrauchsgegenstände hinaus („Himmel", „Stadt", „Lied"). Durch die Wortspiele in Strophe eins wird der Sinn der genannten Gegenstände hinterfragt („taschenmantel") und das „Besitzen" in Frage gestellt.
  Ohne die bei Eich genannten Dinge könnte das Ich nicht überleben, es handelt sich noch nicht um Konsumgüter.
  Das Schreiben wird als Überlebensstrategie thematisiert („Nagel", „Bleistiftmine").
- **Zusammenhang und Entstehungsdaten und inhaltlicher Aussage**
  Reinig: Ende der 50-er, Beginn der 60-er Jahre. Ekel vor und Abwendung von Materialismus und Konsumverhalten der Adenauer-Ära. Erkenntnis der Einsamkeit des von einer dinglichen Welt umgebenen Individuums.
  Eich: Neuanfang nach Kriegsende durch Selbstvergewisserung, auch und vor allem im Schreibakt. Das Individuum beginnt sich langsam zu orientieren, noch ohne „Besitz". Hoffnung auf eine positive Entwicklung wird indirekt angedeutet.

2. Aufgabe

Bertolt Brecht

Die Lösung

Nach dem Aufstand des 17. Juni
Ließ der Sekretär des Schriftstellerverbands
In der Stalinallee Flugblätter verteilen
Auf denen zu lesen war, daß das Volk
Das Vertrauen der Regierung verscherzt habe
Und es nur durch verdoppelte Arbeit
Zurückerobern könne. Wäre es da
Nicht doch einfacher, die Regierung
Löste das Volk auf und
Wählte ein anderes?

Was ist die Grundaussage von Brechts Gedicht? Mit welchen stilistischen Mitteln wird sie erreicht?
Erklären Sie anhand folgender Zitate in eigenen Worten, was die Dichtung Gottfried Benns und der Lyriker in seiner Tradition von der Brechts und seiner Nachfolger unterscheidet.

„Aus all diesem kommt das Gedicht, das vielleicht eine dieser zerrissenen Stunden sammelt –: das absolute Gedicht, das Gedicht ohne Glauben, das Gedicht ohne Hoffnung, das Gedicht, an niemanden gerichtet, das Gedicht aus Worten, die Sie faszinierend montieren.“
(Gottfried Benn)

„Lyrik ist niemals bloßer Ausdruck [...]. Das Dichten muß als menschliche Tätigkeit angesehen werden, als gesellschaftliche Praxis mit aller Widersprüchlichkeit, Veränderlichkeit, als geschichtsbedingt und geschichtemachend.“
(Bertolt Brecht)

Wahrheit kann nur produziert werden, wo mehr als ein Mensch zugegen ist. Deshalb müssen Gedichte an jemanden gerichtet sein, für jemanden geschrieben sein. [...] Es gibt kein Sprechen, das ein absolutes Sprechen wäre.“
(H. M. Enzensberger)

Lösungen

Zusatzinformation: Das Jahr 1953

- Beginn des Arbeiteraufstands in Ostberlin durch Bauarbeiter der Stalinallee.
- Auflehnung gegen totalitäres SED-Regime.
- Der Aufstand greift auf die ganze sowjetische Besatzungszone über.
- Brutale Niederschlagung durch die Rote Armee.
- Massenverhaftungen, Standgerichte, Erschießungen.
- Auslöser für eine Fluchtbewegung in die BRD.

- **Grundaussage und Stilmittel**
  Sarkastischer letzter Satz stellt Grundprinzip der Demokratie auf den Kopf. Brecht formuliert das Dilemma, einerseits als Marxist und Kommunist hinter der DDR zu stehen und sich andererseits mit den sich auflehnenden Arbeitern zu solidarisieren, die mehr gesellschaftliche Rechte fordern.
  Nur zwei Sätze im Prosastil. Satz 1: lang, hypotaktisch, im Präteritum, berichtend. Satz 2: Frage im Konjunktiv I
  Durch Verkürzung und Pointierung entstehen Ironie und Sarkasmus als Mittel der Kritik am DDR-Regime.

- **Unterschiedliche Lyriktraditionen**
  Benn (danach z. B. Bachmann, Celan, Ausländer): Dichtung kann und will die Welt nicht verändern. Sie bezieht sich nicht auf gesellschaftliche Zusammenhänge und bleibt monologisches Resultat des individuellen Ausdruckswillens.
  Brecht (danach z. B. Fried, Enzensberger, Domin): Dichtung ist „engagiert“ und kann sich zum Ziel setzen, gesellschaftliche Zustände mit der Hoffnung auf Veränderung zu kritisieren.

3. Aufgabe

Johannes Bobrowski

Wiederkehr

Holzbank, ein hartes meuble.
Dort, zwischen Kiefernbäumen,
die Schaukel – ein Brett, zwei geschälte
Stangen. Vorbei kommt der Kuckuck,
Blaurake und Wiedehopf,
Nachtigall, die ein Sprosser ist,
kürzer singt, lakonischer,
rauher, gebs Gott.

Aber ich kam zu schlafen
unter der Balkenwand,
Schlaf aus Spinnweb und Krötengold,
fliegenbeinigen Schlaf. Zurück
geht das Licht. Um ihre Schatten herum
tappen die Kühe. Der Fisch
reißt ein schäumendes Zeichen
über das Wasser.

Aber ich schlaf nur.
Ich bin nicht hier.
Ich such eine Stelle,
nur ein Grab breit, den kleinen Berg
über den Wiesen. Von dort
kann ich sehen
den Fluß.

Worterläuterungen
Z. 5 **Blaurake und Wiedehopf:** Kuckucksvögel
Z. 6 **Sprosser:** größere Nachtigallenart

Paraphrasieren Sie jede der drei Strophen und begründen Sie, inwiefern ein Fortschreiten der „inneren Handlung" zu beobachten ist.
Durch welche sprachlichen Mittel macht der Dichter einen Ort (seiner Heimat Ostpreußen) sinnlich wahrnehmbar?
Analysieren Sie die Rolle des sprechenden Ich.

Lösungen

- **Paraphrase**
  Strophe 1: Ein Ort wird entworfen. Natur (Tiere, Baum) und Kultur (Bank und „Schaukel“) treffen dort zusammen.
  Strophe 2: Für das Ich ist dies ein Ort der Ruhe (Schlaf). Natureindrücke werden durch menschliche Wahrnehmung widergespiegelt und als sinnvoll verstanden („Zeichen“).
  Strophe 3: Das innere Auge des Ich entfernt sich von dem Ort und sucht nach einer abgelegenen, aber sichtbaren Stelle in der Landschaft, wohl einem Friedhof („Grab“).

- **Fortschreiten der inneren Handlung**
  Vom konkreten (Heimat-)Ort löst sich das Ich in Raum und Zeit. Fluss und Grab deuten eine Vorahnung des Todes an, der aber hier nicht als bedrohlich, sondern als Ruhen in der geliebten Landschaft empfunden wird.

- **Sinnliche Wahrnehmung des Ortes**
  1. Landschaftselemente: Kiefern, Berg, Fluss, Wasser
     Details des Ruheorts: Holzbank, Schaukel, Balkenwand
     Tiere: Spezielle Vogelarten, deren Farben und Rufe vorstellbar sind, Spinne und Kröte in metaphorischer Zusammensetzung, „Kühe“ und „Fisch“
  2. Klangwirkungen: Kontrastreiche Vokale, Assonanzen („k**a**m“, „sch**la**fen“, „B**a**lken“), Alliterattion („**Sch**atten“, „Fi**sch**“, „**sch**äumend)

- **Rolle des sprechenden Ich**
  Das Ich taucht erst in der zweiten Strophe auf, nachdem es die Landschaft unabhängig von seiner Wahrnehmung skizziert hat. Es hat keinen Dialogpartner und äußert sich nur über sich selbst in Bezug auf den geschilderten Ort. Es befindet sich in Harmonie mit sich selbst und der Landschaft, die sich möglicherweise nur in der Erinnerung an den (nach dem Krieg verlorenen) Ort entfaltet.

4. Aufgabe

Durch welche Bilder wird in Hilde Domins Gedicht „Herbstzeitlosen" der Aspekt des Exils schrittweise entwickelt?
Beziehen Sie die Tatsache des Holocaust mit ein. Was unterscheidet Domins lyrisches Sprechen von dem Paul Celans?

Hilde Domin

Herbstzeitlosen

Für uns, denen der Pfosten der Tür verbrannt ist,
an dem die Jahre der Kindheit
Zentimeter für Zentimeter
eingetragen waren.

Die wir keinen Baum
in unseren Garten pflanzten,
um den Stuhl
in seinen wachsenden Schatten zu stellen.

Die wir am Hügel niedersitzen,
als seien wir zu Hirten bestellt
der Wolkenschafe, die auf der blauen
Weide über den Ulmen dahinziehn.

Für uns, die stets unterwegs sind
– lebenslängliche Reise,
wie zwischen Planeten –
nach einem neuen Beginn.

Für uns
stehen die Herbstzeitlosen auf
in den braunen Wiesen des Sommers,
und der Wald füllt sich
mit Brombeeren und: Hagebutten –

Damit wir in den Spiegel sehen
und es lernen
unser Gesicht zu lesen,
in dem die Ankunft
sich langsam entblößt.

Zusatzinformation
H. Domin wurde 1912 in Köln als Tochter eines jüdischen Juristen geboren.1932 in Vorahnung der Folgen des Naziherrschaft Beginn des Exils, das sie zusammen mit ihrem Mann durch viele Länder führt. Wichtigste Station des Exils: Dominikanische Republik, in diesem Zusammenhang Namenswechsel zu Domin.
1951 Beginn der literarischen Arbeit. 1961 endgültige Rückkehr nach Deutschland (Heidelberg), von wo aus Hilde Domin noch in hohem Alter Lesereisen unternimmt.

- **Entwicklung der Bilder für Exilsituation**
  „Herbstzeitlosen": Blumen, die, das Ende des Sommers einleitend, Vergänglichkeit verkörpern
  Der verbrannte Türpfosten: Zerstörung der urpsprünglichen Geborgenheit der Kindheit
  „keinen Baum ... pflanzten": Unmöglichkeit des Zur-Ruhe-Kommens in natürlichen Zusammenhängen
  „am Hügel niedersitzen": Ruheplatz nicht in einem Heim, sondern unterwegs
  „Wolkenschafe, die ... dahinziehn": Bild für ständige Bewegung
  „wie zwischen Planeten": Vergleich, der das Unbegreifliche der zurückgelegten Distanzen betont
  „Herbstzeitlosen", „Brombeeren", „Hagebutten": Naturbilder für Herbst, Jahreszeit des Abschieds, auch – in metaphysischem Sinn – vom Leben
  Das Lesen des Gesichts im Spiegel: Bild für die Schwierigkeit, das Erlebte zu verarbeiten

- **Vergleich mit Celan**
  Domins Sprechen ist einfacher (ganze Sätze!) und eingänglicher als das Celans. Domins Gedicht wirkt bei aller Trauer lebensbejahend und ermutigend. Die Natur wird als tröstende Instanz empfunden.
  Die bei Celan durchscheinende Fragmentarisierung des Weltzusammenhangs ist bei Domin nicht spürbar. Vielleicht hängt dies damit zusammen, dass sie frühzeitig ins Exil ging und Celans traumatisierende Todeserfahrungen nicht teilt.

5. Aufgabe

Vergleichen Sie den Motivkomplex der Flucht in Nelly Sachs' Gedicht „In der Flucht" mit dem in „Das ist der Flüchtlinge Planetenstunde" (S. 77). In welchen Wendungen findet sich der Motivkomplex des kosmischen Eingebundenseins wieder?
Welche Funktion haben die Gedankenstriche?

Nelly Sachs

In der Flucht
welch großer Empfang
unterwegs –

Eingehüllt
in der Winde Tuch
Füße im Gebet des Sandes
der niemals Amen sagen kann
denn er muß
von der Flosse in den Flügel
und weiter –

Der kranke Schmetterling
weiß bald wieder vom Meer –
Dieser Stein
mit der Inschrift der Fliege
hat sich mir in die Hand gegeben –

An Stelle von Heimat
halte ich die Verwandlungen der Welt –

Lösungen

- **Vergleich der beiden Flucht-Motivkomplexe**
  „Das ist der Flüchtlinge Planetenstunde“: „Jäger“, „Gejagte“, „Eile; „Fall(sucht)“, „Tod“, „Gräber“, „Angst“, Schweiß; erlöschen, rauchen, erschrecken, stocken
  Wirkung: Qual und Schrecken dominieren den Bildbereich.

  „In der Flucht“: „Empfang/unterwegs“, „eingehüllt ... Tuch“, „Der kranke Schmetterling weiß ... vom Meer“, „Dieser Stein ... hat sich mir in die Hand gegeben“
  Wirkung: Auch im Akt der Flucht kann Geborgenheit und Rettung erfahren werden.

- **Kosmische Einbindung**
  Gebet des Sandes: metaphysischer Aspekt des Unbelebten
  Rückkehr des (sterbenden) Schmetterlings zum Wasser, dem Ur-Element: Kreislauf des Seins, platonische Idee
  Der Stein gibt sich dem Ich von selbst, er ist belebt und hilft ihm.
  Der Wandel allen Lebens wird, stellvertretend für die fehlende Heimat, als tröstlich empfunden.

- **Gedankenstriche**
  Sie deuten am Ende jeder Sinneinheit an, dass das Gesagte nur einen Teilaspekt eines größeren, nicht formulierbaren Geheimnisses darstellt, das sich vielleicht in einer wortlosen Vorstellungswelt entfalten kann.

6. Aufgabe

Sie haben sich bereit erklärt, für die Volkshochschule einen Vortrag innerhalb einer Reihe zu halten, die Brücken schlägt zwischen den Gebieten der Lyrik und der Bildenden Kunst.
Ihre spezielle Aufgabe ist es, den Zuhörern eine Annäherung an Elisabeth Borchers' Gedicht „chagall" zu ermöglichen und dazu die Farblithographie „Die Bastille" von Marc Chagall aus dem Jahre 1954 heranzuziehen.
Gehen Sie in folgenden Schritten vor:

- Beschreiben Sie die wesentlichen Bildelemente der Lithographie von Chagall.
  Achten Sie dabei auf biblische Symbole und darauf, wie die Natur im Bild erscheint.
- Vermitteln Sie Ihren Zuhörern den Zugang zum inhaltlichen Verständnis des Gedichts.
- Versuchen Sie zu erklären, mit welchen sprachlichen/stilistischen Mitteln Elisabeth Borchers „Ein Bild-Gedicht. Ein Gedicht-Bild" (Peter Wapnewski) entwirft.

Elisabeth Borchers

chagall

die geschichte der liebenden
ist ein fisch
die geschichte der liebenden
ist ein stier
es liegen
die sich lieben
als feuer vor der stadt

ein engel singt blau ihre nacht
noch sitzt die taube still
der wind speist das tieraug
mit nachtblauen blumen
zwischen kieme und horn
treibt heiteres geschick

doch die sich lieben
achten es nicht
und liegen ein feuer
rot vor der stadt

Zusatzinformationen
Im Originalbild von Chagall, farbig abgedruckt z.B. in dem Band „Chagall – Die Lithographien“, Verlag Gert Hatje, Stuttgart 1999, ist die untere Bildhälfte innerhalb der Tierfigur, die die Stadt mit einschließt, leuchtend rot. Der rechte Rand außerhalb der Tierfigur ist vom gleichen Blau wie die langgestreckte Figur über der Säule, deren Hintergrund ein zartes Lila bildet.

Lösungen

- **Beschreibung der Bildelemente**
  Ganzer unterer Bildteil ausgefüllt von Kontur eines Stiers mit nach rechts hochgerecktem Kopf. Innerhalb des Stierumrisses am unteren Bildrand ein liegendes Liebespaar, dessen Köpfe dem Stierkopf diametral entgegengesetzt sind. In der Mitte eine Siegessäule, durch den Titel der Lithographie festgelegt als der Ort in Paris, der an die Opfer der Französischen Revolution erinnert, umgeben von Häuserfassaden, die auch das viel größere, dem Betrachter nähere Liebespaar an einem Ort verankern. In einigem Abstand (Luft oder Wasser) darüber eine fischartige Figur mit

einem um 180° versetzten Frauenkopf am rechten oberen Bildrand über dem Stierkopf und einem Mond(auge) im linken Bildteil.
In der rechten unteren Bildecke eine Frauengestalt, deren Haar nach rechts aus dem Bild herausweht, mit einer Taube im Arm.

- **Natur und biblische Symbole**
  Zieht man die Farbe Rot im unteren Bildteil sowie Blau im oberen heran, so wären die Elemente Feuer, Wasser (Fisch), Erde (Ort, wo die Liebenden liegen) und Luft/Wind (wehendes Frauenhaar) erkennbar.
  Stier: Symbol für den Gott Baal in der Eliasgeschichte im Alten Testament
  Fisch: Symbol für Jesus und das frühe Christentum, Speisung der Fünftausend, Jonasgeschichte im Alten Testament (Jona 1–4)
  Taube: Erinnerung an das Friedensversprechen Gottes aus der Sintflutgeschichte Mose 7/8; die Taube bringt Noah in der Arche vom dritten Ausflug einen Zweig, der die Hoffnung auf Land und ein neues Leben andeutet.
  Engelhafte Züge der Frauengestalten, wie oft bei Chagall.

- **Gedichtinterpretation**
  3 Strophen mit abnehmender Länge. Strophe 1 und 3 bilden einen Rahmen und betonen die Dominanz der Menschen, der beiden Liebenden. Variierendes Metrum zwischen 1 und 3 Hebungen schafft Dynamik; liedhafte Lebendigkeit.
  „die geschichte der liebenden" – Aspekt des Erzählens enthält eine zeitliche Dimension und impliziert ein Geschehen.
  „ist ein fisch", „ist ein stier" – Bezug zwischen Tieren und Menschen wird hergestellt, der aber nicht real nachvollziehbar ist, sondern metaphorisch verstanden wird.
  „die sich lieben/als feuer" – Vieldeutigkeit des Elements Feuer als Emotion, als inneres Leben, als verzehrende Macht, als Zerstörung.
  „ein engel singt blau ihre nacht" – die Umgebung der Liebenden wird durch Töne lebendig, alles bezieht sich auf sie.
  „**noch sitzt** die taube **still**", „der **wind speist** das tieraug", Geschick „**treibt**" – latente Dynamik im Geschehen um die Liebenden.
  „doch die sich lieben/achten es nicht" – Priorität der überwältigenden Macht der Liebe vor dem Geschehen in Natur und Kosmos.

- **Sprachliche/stilistische Mittel und ihre Wirkung**
  Assonanzen: Klangreichtum
  Wiederholungen: Feierlichkeit, Verkündigungscharakter
  Metaphorik („die geschichte ... **ist** ein fisch“): Lebendigkeit, Dynamik, Schaffung einer neuen Wirklichkeits- und Wahrnehmungsdimension
  Synästhesie („engel singt blau“): Verbindung verschiedener Sinneswahrnehmungen und deren Bereiche deutet auf tiefere Wahrheit hin.
  Steigerung („als feuer“ – „ein feuer“): Intensivierung der dominierenden Liebesthematik in ihrer Vieldeutigkeit als verzehrende Leidenschaft und Bedrohung
  „Bild-Gedicht“ (Wapneswski): Das Gedicht lebt fast ausschließlich von der intensiven Bildlichkeit, aus der nur die Worte „geschichte“ und „geschick“ als abstrakte Begriffe herausfallen, die eine Zeitlichkeit andeuten, einen Verlauf, der über die statischen Möglichkeiten des Bildes hinausführt.
  „Gedicht-Bild“ (Wapnewski): Das Gedicht ist deutlich von Chagalls Lithographie angeregt, entwickelt jedoch übergreifende Vorstellungen, denn das Element des Feuers z.B. ist bei ihm nirgends außer in der Farbe Rot angedeutet.

7. Aufgabe

Marie Luise Kaschnitz

Interview

Wenn er kommt, der Besucher,
Der Neugierige und dich fragt,
Dann bekenne ihm, daß du keine Briefmarken sammelst,
Keine farbigen Aufnahmen machst,
Keine Kakteen züchtest.
Daß du kein Haus hast,
Keinen Fernsehapparat,
Keine Zimmerlinde.
Daß du nicht weißt,
Warum du dich hinsetzt und schreibst,
Unwillig, weil es dir kein Vergnügen macht.
Daß du den Sinn deines Lebens immer noch nicht
Herausgefunden hast, obwohl du schon alt bist.
Daß du geliebt hast, aber unzureichend,
Daß du gekämpft hast, aber mit zaghaften Armen.
Daß du an vielen Orten zuhause warst,
Aber ein Heimatrecht hast an keinem.
Daß du dich nach dem Tode sehnst und ihn fürchtest.
Daß du kein Beispiel geben kannst als dieses:
Immer noch offen.

Gliedern Sie das Gedicht in Sinnabschnitte. Welches Gliederungsprinzip wenden Sie an?
Analysieren Sie die Kommunikationssituation im Gedicht.
Welche poetologische Aussage liegt ihm zugrunde?

Lösungen

- **Gliederung**
  Kriterium: Satzbau
  Z. 1f. Konditionaler oder temporaler Nebensatz, Ausgangsbedingung für das weitere „Geschehen".
  Z. 3 Hauptsatz, imperativisch, mit Konjunktionalsatz („daß") als Akkusativobjekt, der von nun an die Struktur des ganzen Gedichts bestimmt.
  Weitere Verse werden durch Punkte zu jeweils einer Sinneinheit zusammengefasst, obwohl es nur Teilsätze sind, denn der Hauptsatz „Dann bekenne ihm" gilt für alle dass-Sätze

- **Wirkung**
  Das „Interview" wirkt wie ein Bekenntnis, das den vorgefassten Erwartungen des Interviewers zuwiderläuft, was durch die vielen Verneinungen noch verstärkt wird.

- **Kommunikationsstruktur**
  Kein Ich, aber ein Sprecher, der ein fiktives Du imperativisch anredet, vielleicht eine Projektion des eigenen Ich, also Zeichen einer inneren Auseinandersetzung mit dem Schreibprozess. Der erwartete Interviewer wird als störend empfunden („Der Neugierige"), d.h. die Rechtfertigung des Schreibens wird als mühevoll erfahren.

- **Poetologische Aussage**
  Zentriert in Z. 9–11. Schreiben braucht keine Legitimation. Der Schriftsteller kann nur Ambivalenzen formulieren und vorgefassten Erwartungen widersprechen.

8. Aufgabe: Vergleich von vier Mondgedichten

MATTHIAS CLAUDIUS (1740–1815), „ABENDLIED"
JOSEPH VON EICHENDORFF (1788–1857), „MONDNACHT"
ROSE AUSLÄNDER, „MONDASCHE" (UM 1960)
PETER RÜHMKORF, „VARIATION ÜBER *ABENDLIED* VON MATTHIAS CLAUDIUS" (UM 1960)

Matthias Claudius

Abendlied

Der Mond ist aufgegangen,
Die goldnen Sternlein prangen
Am Himmel hell und klar;
Der Wald steht schwarz und schweiget,
Und aus den Wiesen steiget
Der weiße Nebel wunderbar.

Wie ist die Welt so stille
Und in der Dämmrung Hülle
So traulich und so hold,
Als eine stille Kammer,
Wo ihr des Tages Jammer
Verschlafen und vergessen sollt.

Seht ihr den Mond dort stehen? –
Er ist nur halb zu sehen
Und ist doch rund und schön!
So sind wohl manche Sachen,
Die wir getrost belachen,
Weil unsre Augen sie nicht sehn.

Wir stolze Menschenkinder
Sind eitel arme Sünder
Und wissen gar nicht viel;
Wir spinnen Luftgespinste
Und suchen viele Künste
Und kommen weiter von dem Ziel.

Gott, laß uns dein Heil schauen,
Auf nichts Vergänglichs trauen,
Nicht Eitelkeit uns freun!
Laß uns einfältig werden
Und vor dir hier auf Erden
Wie Kinder fromm und fröhlich sein!

Wollst endlich sonder Grämen
Aus dieser Welt uns nehmen
Durch einen sanften Tod!
Und, wenn du uns genommen,
Laß uns in Himmel kommen,
Du unser Herr und unser Gott!

So legt euch denn, ihr Brüder,
In Gottes Namen nieder;
Kalt ist der Abendhauch.
Verschon uns, Gott! mit Strafen,
Und laß uns ruhig schlafen
Und unsern kranken Nachbar auch!

Joseph von Eichendorff

Mondnacht

Es war, als hätt der Himmel
Die Erde still geküßt,
Daß sie im Blütenschimmer
Von ihm nun träumen müßt.

Die Luft ging durch die Felder,
Die Ähren wogten sacht,
Es rauschten leis die Wälder,
So sternklar war die Nacht.

Und meine Seele spannte
Weit ihre Flügel aus,
Flog durch die stillen Lande,
Als flöge sie nach Haus.

Rose Ausländer

Mondasche

Mohnsterne
im schlafreifen Kelch
Die Nacht ist ein
schwarzes Feuer

Wenn du erwachst
ist schon
der Mondbrand gelöscht
liegt schon die Asche
in deiner Hand

Trauere nicht
Streu den Mondstaub
in den Wind
Vielleicht wächst er zusammen.

Peter Rühmkorf

Variation auf „Abendlied" von Matthias Claudius

Der Mond ist aufgegangen.
Ich, zwischen Hoff- und Hangen,
rühr an den Himmel nicht.
Was Jagen oder Yoga?
Ich zieh die Tintentoga
des Abends vor mein Angesicht.

Die Sterne rücken dichter,
nachtschaffenes Gelichter,
wie's in die Wette äfft –
So will ich sing- und gleißen
und Narr vor allen heißen,
eh mir der Herr die Zunge refft.

Lasst mir den Mond dort stehen.
Was lüstet es Antäen
und regt das Flügelklein?
Ich habe gute Weile,
der Platz auf meinem Seile
wird immer uneinnehmbar sein.

Da wär ich und da stünd ich,
barnäsig, flammenmündig
auf Säkels Widerrist.
Bis daß ich niederstürze
in Gäas grüne Schürze,
wie mir der Arsch gewachsen ist.

Herr, laß mich dein Reich scheuen!
Wer salzt mir dort den Maien?
Wer sämt die Freuden an?
Wer rückt mein Luderbette
An vorgewärmte Stätte,
da ich in Frieden scheitern kann?

Oh Himmel, unberufen,
wenn Mond auf goldenem Hufe
über die Erde springt –
Was Hunde hochgetrieben?
So legt euch denn, ihr Lieben
und schürt, was euch ein Feuer dünkt.

Wollt endlich, sonder Sträuben,
still linkskant liegen bleiben,
wo euch kein Scherz mehr trifft.
Müde des oft Gesehnen,
gönnt euch ein reines Gähnen
und nehmt getrost vom Abendgift.

Vergleichen Sie die Grundaussage der vier Gedichte, vor allem in Bezug auf die Natur.
Formulieren Sie, von diesen Beobachtungen ausgehend, die Weltsicht der vier sprechenden Ichs.

- **Grundaussagen**
  Claudius: Natur und Kosmos sind harmonisch geordnet und von einem Sinn durchwaltet. Die Mondnacht wird als Zeit der Ruhe vom irdischen Leiden erfahren. In der „Kammer“ der Welt erfährt der Mensch Geborgenheit, der als Sünder aus seinem Bezug zu Gott seine Heilserwartung ableitet.
  Eichendorff: Die Konjunktive drücken bereits eine Brechung aus. Die nächtliche Vereinigung von Himmel und Erde ist deutlich nur imaginativ. Das Ich hat sich aber die Vorstellung einer Heimat für die Seele bewahrt, in der sie Ruhe finden kann.
  Ausländer: Nacht und Mond sind nicht mehr konkret zu verstehen, sondern als Metaphern für Tod und Zerstörung. Die Komposita „Mondstaub“ und „Mondasche“ sind nicht mehr Abbildung der Realität, sondern innere Bilder.
  Rühmkorf: Natur erscheint in der Sprache nicht mehr abbildend oder auf eine innere, psychische Realität verweisend, sondern parodistisch. Naturvorstellungen aus mehreren Jahrhunderten werden spielerisch montiert und deuten eine Sinnentleerung alter Vorstellungen an.

- **Weltsicht**
  Claudius: Verankerung des Menschen im 18. Jahrhundert in der Religion. Die wahrgenommene Natur wird deshalb (noch) nicht in ihrem Eigenwert erfasst, sondern auf Gott bezogen.
  Eichendorff: Verhältnis des wahrnehmenden Subjekts zum wahrgenommenen (Natur-)Objekt hat sich zugunsten einer Innerlichkeit verlagert, die sich zwar noch indirekt auf Gott bezieht, aber viel mehr psychische Gegebenheiten andeutet.
  Ausländer: Die Welt wird als in Fragmente zerfallen erfahren, die, neu zusammengesetzt, Hoffnung auf Sinnstiftung ermöglichen.
  Rühmkorf: Mit den Bruchteilen gegenwärtiger und vergangener Wirklichkeit wird souverän und zweckfrei gespielt.